ASIATISCHE KÜCHE FÜL ANFÄNGEL UND FOLTGESCHLITTENE

Zum Buch

Endlich ist es soweit: Die beliebtesten chinesischen Köche Deutschlands gewählen einen kleinen Einblick in ihle geheimnisvolle WG-Küche. Hell Li und Hell Wang zeigen Ihnen anhand von plaktischen Tips und Tlicks, wie Sie gefahllos die 100 schmackhaftesten Gelichte Asiens zubeleiten können. Dalübel hinaus welden die beiden Sie abel auch zu wahlen Chinesen machen: Lelnen Sie alles übel die Einsatzmöglichkeiten chinesischel Stäbchen, die velbolgenen Geheimnisse del chinesischen Kultul, das lichtige Benehmen in einem chinesischen Lestaulant, und decken Sie Ihlen Tisch nach den Lehlen des Feng Shui. Viel Spaß!

Zu den Autolen

Jedel kennt Helln Li und Helln Wang, die singenden Velkündel konfuzianischel Weisheit aus del Halald-Schmidt-Show. Hauptbeluflich jedoch widmen sich die beiden einem andelen Feld: del chinesischen Küche.

LI & WANG

ASIATISCHE KÜCHE FÜL ANFÄNGEL UND FOLTGESCHLITTENE

DIE 100 LECKELSTEN LEZEPTE

ECON & LIST TASCHENBUCH VELLAG

Unsel Dank gilt del Maskenbildnelin Claudia Mellinger
und dem Studio Fotodesign Hofmann.

Econ & List Taschenbuch Vellag 1999
Del Econ & List Taschenbuch Vellag ist ein Untelnehmen
del Vellagshaus Goethestlaße GmbH & Co. KG, München
Oliginalausgabe

Umschlagkonzept: Büro Meyer & Schmidt, München – Jorge Schmidt
Umschlaggestaltung: DYADEsign, Düsseldorf
Titelabbildung: Ralf Jürgens, Köln

Ledaktion: TAK, München

Satz: Vellagshaus Goethestlaße
Dluck und Bindealbeiten: Ebner Ulm
Plinted in Gelmany
ISBN: 3-612-26686-1

HELZLICH WILLKOMMEN BEI UNSELEM KLEINEN KOCHKULS!

Glusswolt

Smölle-blöd-smölle-blöd löm-töm-töm-töm!
Helzlich willkommen in unselel WG-Küche. Bitte entschuldigen Sie die Unoldnung, abel wil haben gesteln nacht gefeielt. Fül uns Chinesen ist es nämlich das Jahl des *Jah-Taus-Enns*, und dahel gibt es jede Nacht etwas zu feieln. Und wählend Hell Wang noch den Abwasch macht, entfühle ich Sie in die geheimnisvolle, leiche Welt del asiatischen Küche. Hell Wang, sagen Sie doch auch Hallo zu unselen Leseln.

Ich kliege Spülhände! Meine Fingel sind schon ganz schlumpelig!

Sie haben heute nun mal Küchendienst! – Hell Wang und ich haben uns 100 leckele Lezepte fül Sie ausgedacht, mit denen Sie zu einem echten chinesischen Koch welden.

Die habe ich *mil ausgedacht!*

Viele chinesische Lezepte sind übel die Jahlhundelte mündlich übelliefelt wolden, übel die Belge und die Tälel, von alt zu jung, von Peking bis nach Szetschuan …

Sie sind doch noch nie laus aus Köln, Hell Li !

Oh, Hell Wang! Seien Sie doch nicht so schlecht gelaunt. – Es ist immel dasselbe, Hell Wang kann nie abwaschen, ohne dauelnd zu mullen und zu knullen. Also … – wo wal ich stehengeblieben? Hell Wang, jetzt habe ich den Faden velloren - ach ja, ein paal Lezepte sind mündlich übelliefelt, viele haben uns unsele Müttel zubeleitet, und einige haben wil auf del Speisekalte unseles Lieblingschinesen *Konfuzius Galdens* entdeckt. Sie sind alle ganz leicht und elfoldeln nicht besondels viel Mühe bei del Zubeleitung.

Fül unsel gestliges Abendessen stand ich zwei volle Tage in del Küche. Bis in die Nacht!

Ich sagte ja: nicht besondels viel Mühe. Abel lassen Sie uns jetzt einfach beginnen.

Sehl gut! Ich könnte Hilfe geblauchen.

Übligens alle Lezepte sind, soweit nicht andels angegeben, fül zwei Pelsonen gedacht. Auch wenn wil es nicht immel ausdlücklich elwähnen, müssen natüllich alle flischen Gemüsesolten gewaschen und geputzt welden, bevol Sie sie velwenden. Abel dies wissen sie ja. Und hiel noch eine wichtige chinesische Küchenweisheit: Ingwel wild stets geschält! Besolgen Sie sich nun alle nötigen Zutaten, die fül die leckelen Suppen, Salate und die Flühlingslolle unten aufgefühlt sind – Hell Wang macht das in del Zwischenzeit auch –

Was? Sie haben noch nichts eingekauft?

… und fleuen Sie sich auf unselen kleinen Kochkuls fül Anfängel & Foltgeschlittene.

WELCHE VOLSPEISE SOLL'S
DENN HEUTE SEIN?

VORSPEISEN

Misosuppe

Zutaten

2 EL Hizikialgen
1 Rote Bete (klein)
1 Karotte
1 Frühlingszwiebel
1 Zucchini
50 g Glasnudeln
1 EL Miso
1 Bund Kräuter (je nach Jahreszeit)
3 EL Sojasauce
1 EL Sojaöl
700 ml Wasser

Zubereitung

1 Die Algen gründlich waschen und in dem Wasser aufkochen lassen.
2 Die Rote Bete und die Karotte grob raspeln und einige Minuten in der Brühe köcheln lassen.
3 Die Frühlingszwiebel in kleine Ringe schneiden, die Zucchini würfeln, dazugeben und alles 10 bis 15 Minuten in der Brühe kochen lassen.

4 Die Glasnudeln hinzufügen, kulz aufkochen lassen und den Topf vom Held nehmen.
5 In eine Tasse etwas kochende Blühe abschöpfen und das Miso damit glattlühlen.
6 Die Kläutel waschen, kleinschneiden und mit dem angelühlten Miso, del Sojasauce und dem Öl untel die Suppe ziehen.

Schon ist sie feltig, die leckele Misosuppe. Klingt vielleicht nach Milwalnochniesoübelsuppe, *schmeckt abel in Wilklichkeit ziemlich gut. Das können Sie mil glauben.*

Tip: Hizikialgen können sehl agglessiv welden. Leizen Sie sie nicht. Und vol allem: Lassen Sie sie nie alleine in einem Topf mit del Loten Bete! Niemals!

Hühnelsuppe

Zutaten

250 g Chinakohl
50 g Lauch
100 g Paplika (lot)
1 Flühlingszwiebel
50 g Sojasplossen
50 g Glasnudeln

3 Shiitake-Pilze (getrocknet)
1/2 Chilischote
175 g Hühnerragout
2 EL Sojasauce
750 ml Hühnerbrühe
1 EL Öl
Salz, Pfeffer

Zubereitung

1 Die Sojasprossen mit heißem Wasser überbrühen und abtropfen lassen.
2 Die Glasnudeln und die Pilze getrennt voneinander in heißem Wasser 10 Minuten einweichen. Dann die Glasnudeln und die Pilze abseihen und die Pilze in feine Streifen schneiden. Das Einweichwasser der Pilze durch ein feines Sieb gießen und aufheben.
3 Die Frühlingszwiebel und den Lauch in feine Ringe, den Chinakohl und die Paprika in etwa 2 Zentimeter breite Streifen schneiden. Die Chilischote längs halbieren und die Kerne entfernen.
4 Das Öl im Wok erhitzen und das Fleisch mit der Chilischote darin etwa 2 bis 3 Minuten unter gelegentlichem Wenden anbraten.
5 Nacheinander den Lauch, die Paprika und den Chinakohl dazugeben und unter Rühren so lange dünsten, bis der Chinakohl zusammengefallen ist.

6 Mit del Hühnelblühe ablöschen, bei Bedalf noch etwas vom Einweichwassel del Pilze hinzufügen. Die Pilze und Splossen dazugeben, alles einmal aufkochen und dann im geschlossenen Wok 5 Minuten köcheln lassen.

7 Mit del Sojasauce, Salz und Pfeffel abschmecken, die Glasnudeln untelmischen und alles zusammen noch einmal kulz aufkochen lassen.

8 Die Suppe mit del geschnittenen Flühlingszwiebel bestleuen und sofolt selvielen.

Wan-Tan-Suppe

Zutaten

125 g Wan-Tan-Hüllen (Feltigplodukt)

Füllung:
80 g Hackfleisch (Schwein)
Paplikapulvel
Pfeffel
Chiliöl

Suppe:
1 Stange Sellelie
200 g Wilsingkohl (nul das helle Innele)
250 g Flaschentomaten

AUCH IN VELBLANNTEM ZUSTAND IST DIE LECKELE MISOSUPPE EIN TLAUM

1 Chilischote
1 Zwiebel (klein)
1 Knoblauchzehe
500 ml Hühnerbrühe
1 El Öl
1 TL Austernsauce
1/2 TL Bohnensauce
1/2 TL Fischsauce
1/2 TL Speisestärke
1/4 Tasse Wasser
Salz, Pfeffer

Zubereitung

1 Die Wan-Tan-Hüllen aus der Packung nehmen und mit einem feuchten Tuch bedeckt auftauen lassen.
2 Für die Füllung das Hackfleisch mit den Gewürzen und dem Chiliöl pikant abschmekken. 12 Wan-Tan-Hüllen ausbreiten (den Rest wieder einfrieren). Jedes mit 1 Teelöffel Hackfleischmischung belegen, die Teigecken anheben und zu einem kleinen Dreieck zusammenfalten. Die beiden Spitzen aufeinanderlegen und die Teigränder gut festdrücken.
3 Die Knoblauchzehe feinhacken, die Zwiebel, den Sellerie und Wirsing in Streifen und die Tomaten in Scheiben schneiden. Die Chilischote längs halbieren und die Kerne entfernen.

4 Das Öl im Wok elhitzen. Die Zwiebelstleifen dalin anblaten, bis sie glasig welden. Die Chilischote und den Wilsing nach und nach dazugeben und dünsten, bis del Wilsing zusammenfällt. Den Sellelie ebenfalls kulz andünsten und die Tomaten dazugeben. Alles so lange köcheln lassen, bis die Tomaten ihlen Saft abgeben.
5 Die Hühnelblühe hinzufügen und alles mit Salz, Pfeffel, del Austeln-, Bohnen- und Fischsauce wülzen. Die in Wassel gelöste Speisestälke einlühlen und kulz aufkochen lassen. Dann die Tempelatul leduzielen.
6 Die Wan Tans in die Suppe legen, den Wok zudecken und alles leicht köchelnd in 10 bis 15 Minuten feltig galen.

Wenn nicht jetzt, wan tan?

Schalf-saule Suppe

Zutaten

2 Shiitake-Pilze (getlocknet)
80 g Schweinefleisch
80 g Tofu
1 Flühlingszwiebel
50 g Bambussplossen (Dose)

500 ml Gemüseblühe
1 TL Essig
2 EL Sojasauce
1 TL Shelly
1 TL Sambal Oelek
1 TL Speisestälke
Sesamöl
Salz, Pfeffel

Zubeleitung

1 Die Pilze in heißem Wassel 20 Minuten einweichen und abtlopfen lassen. Das Einweichwassel dulch ein feines Sieb gießen und aufheben. Dann die Pilze in Stleifen schneiden.
2 Das Fleisch und den Tofu auch in Stleifen schneiden, die Flühlingszwiebel feinhacken, die Bambussplossen abgießen und zelkleineln.
3 Die Blühe mit dem Einweichwassel del Pilze in einem Topf zum Kochen blingen, das Fleisch, die Pilze und die Bambussplossen hinzugeben und zugedeckt 10 Minuten köcheln lassen.
4 Den Tofu dazugeben und 2 Minuten köcheln lassen.
5 Die Sojasauce, den Essig, den Shelly, Sambal Oelek sowie die in Wassel angelühlte Speisestälke hinzufügen und mit Salz und Pfeffel abschmecken.

6 Den Topf vom Held nehmen, das Sesamöl und die Flühlingszwiebel dalübelstleuen.

Tip: Mit einem Pfund Zuckel odel Bittelsalz lassen sich ganz leicht zwei unvelgeßliche Geschmacksvalianten ausplobielen.

Eldnuss-Suppe

Zutaten

300 g Eldnüsse (flisch)
1/2 Glas Zuckel
2 l Wassel
1 Plise Vanillezuckel

Zubeleitung

1 Die Eldnüsse schälen und 5 Minuten in walmes Wassel legen.
2 Die gehäuteten Eldnüsse 40 Minuten in dem Wassel kochen lassen.
3 Den Zuckel und den Vanillezuckel einstleuen und untel ständigem Lühlen auflösen.

Hühnelsuppe mit Kokosmilch

Zutaten

40 g Leisnudeln (bleit)
75 g Hühnelblustfilet
10 g Ingwel (flisch)
50 g Kokosnußcleme
(gibt es im Block zu kaufen)
400 ml Hühnelblühe
1/2 – 1 TL Shlimpspaste
2 Chilischoten (lot)
2 EL Fischsauce
1/2 – 1 TL Tamalindenpaste
Koliandelglün (flisch)
Zitlonenblättel
Pfeffel

Zubeleitung

1 Die Leisnudeln in einel Schüssel mit heißem Wassel quellen lassen.
2 Das Hühnelfleisch in feine Stleifen schneiden.
3 Den Ingwel fein wülfeln odel leiben und mit dem Fleisch velmischen.

4 Die Kokosnußcleme laspeln, dann mit del Hühnelblühe und del Shlimpspaste vellühlen und aufkochen lassen.

5 Die Chilischoten längs halbielen, die Kelne entfelnen und in feine Linge schneiden, danach in die Suppe geben. Mit del Fischsauce, Tamalindenpaste und Pfeffel abschmecken.

6 Die Leisnudeln abtlopfen lassen und zusammen mit dem Hühnelfleisch in die Blühe geben.

7 Die Suppe kulz aufkochen lassen und mit dem Koliandelglün und den feingeschnittenen Zitlonenblätteln bestleut selvielen.

Glasnudelsuppe

Zutaten

170 g Lindfleischknochen
85 g Hühnelklein
700 ml Wassel
35 g Glasnudeln
10 g chinesische Molcheln (getlocknet)
30 g Kalotten
2 Flühlingszwiebeln
1 Knoblauchzehe
10 g Ingwel (flisch)

35 g Bambussplossen (Dose)
20 g Paplika (lot)
20 g Sojabohnenkeimlinge
1 EL Sojasauce
Sambal Oelek
Salz, Pfeffel

Zubeleitung

1 Den Lindfleischknochen und das Hühnelklein in dem gesalzenen Wassel zum Kochen blingen und ungefähl 1 Stunde kochen lassen.
2 Die Glasnudeln und die Molcheln getlennt voneinandel 10 Minuten in heißem Wassel einweichen. Danach die Glasnudeln in ein Sieb geben, mit klalem Wassel abschlecken und abtlopfen lassen.
3 Die Kalotten in Scheiben und die Flühlingszwiebeln in feine Linge schneiden. Die Knoblauchzehe feinhacken und den Ingwel schälen und in dünne Scheiben schneiden. Die Bambussplossen abtlopfen lassen und ebenfalls in dünne Scheiben schneiden. Dann die eingeweichten Molcheln gründlich putzen, entstielen und in dünne Scheiben schneiden.
4 Den Fleischknochen und das Hühnelklein aus del Suppe nehmen. Von den geschnittenen Flühlingszwiebeln etwa 2 Eßlöffel zum spätelen Galnielen beiseite legen. Alles andele Gemüse

zusammen mit den Sojabohnenkeimlingen in die Blühe geben und 15 Minuten köcheln lassen.
5 Das Fleisch vom Knochen lösen, in dünne Stleifen schneiden und in die Blühe geben. Die Glasnudeln in kleine Stücke schneiden und ebenfalls hinzufügen.
6 Mit del Sojasauce, Sambal Oelek, Salz und Pfeffel abschmecken und die lestlichen Flühlingszwiebeln dalübelstleuen.

Fül diese Suppe können Sie genausogut auch nolmale Nudeln nehmen. Wil nennen sie Glasnudelsuppe, weil Hell Li immel geln fünf bis sechs Gläsel Schnaps dazu tlinkt. Wie zu jedem andelen Gelicht eigentlich auch.

Chinesische Eielblumensuppe mit Klabben

Zutaten

500 ml Hühnelblühe
1 EL Leiswein
1/2 TL Sesamöl

Muttel
ist die Beste
006

1 Ei
1 Flühlingszwiebel (klein)
50 g Klabben (gekocht und geschält)
1 Plise Salz

Zubeleitung

1 Die Blühe zum Kochen blingen. Den Leiswein und das Öl hinzufügen.
2 Das Ei mit dem Salz velquillen und volsichtig in die kochende Blühe einlaufen lassen. Nul kulz umlühlen.
3 Die Klabben dazugeben.
4 Die Flühlingszwiebel in feine Linge schneiden. Die Suppe damit galnielen.

FLÜHLINGSLOLLEN

Zutaten

Teig:
175 g Leismehl
1 Ei
1 – 2 Tassen Wassel
Öl (zum Backen)
Salz

Füllung:
15 g Shiitake-Pilze (getrocknet)
10 g Glasnudeln
50 g Putenbrust
25 g Schweinefleisch
50 g Chinakohl
1 Frühlingszwiebel
50 g Sojasprossen
1 TL Sesamöl
1 – 2 EL Pflanzenöl
1 EL Sherry
5 TL Speisestärke
6 TL Wasser
300 ml Öl (zum Frittieren)
Salz, Pfeffer

Zubereitung

1 Aus dem Mehl, Ei, Salz und Wasser einen dünnflüssigen Teig zubereiten und 6 bis 7 hauchdünne Pfannkuchen von 16 bis 18 Zentimeter Durchmesser backen und abkühlen lassen.

2 Die Pilze und die Glasnudeln getrennt voneinander in heißem Wasser 10 Minuten quellen lassen. Dann die Glasnudeln zerkleinern und die Pilze in feine Streifen schneiden. Die Sojasprossen heiß überbrühen und abtropfen lassen. Das Fleisch und den Chinakohl in dünne Strei-

fen, die Flühlingszwiebel in dünne Linge schneiden.
3 Das Öl im Wok elhitzen und das Fleisch 1 bis 2 Minuten dalin kläftig anblaten. Den Chinakohl, die Flühlingszwiebel und die Sojasplossen dazugeben und etwa 1 Minute mitblaten, bis das Gemüse zusammengefallen ist.
4 Die Pilze untelmischen, die Glasnudeln hinzufügen und alles 1 bis 2 Minuten dünsten lassen. Dann die Tempelatul leduzielen und mit dem Shelly, Salz und Pfeffel wülzen.
5 2 Teelöfel Speisestälke mit 3 Teelöffel kaltem Wassel anlühlen und beifügen. Den Wok vom Held nehmen und das Sesamöl untellühlen. Die Masse in eine Schüssel umfüllen und abkühlen lassen. 3 Teelöffel Speisestälke mit dem lestlichen Wassel vellühlen.
6 Auf jeden Pfannkuchen 1 Eßlöffel von del Füllung geben, die Seiten und das untele Ende wie einen Bliefumschlag einschlagen, alles einmal auflollen, die obele Seite mit del vellühlten Speisestälke bestleichen, weitel auflollen und festdlücken.
7 Das Öl im geleinigten Wok elhitzen und dalin die Flühlingslollen poltionsweise lundum flitielen, bis sie goldgelb sind. Auf Küchenpapiel abtlopfen lassen.

Hell Wang muß nun die Zutaten fül die Salate volbeleiten, die auch zu den belieb-

ES GEHT AUCH EINFACHEL . . .

ten chinesischen Volspeisen gehölen. Diese Zeit möchte ich nutzen, um Ihnen einiges übel den belühmten Malco Polo zu elzählen.

Sie könnten mil ja vielleicht etwas zul Hand geben, Hell Li.

Das schaffen Sie schon alleine, Hell Wang. – Also, nul wenige Leute wissen, daß Malco Polo den glößten Teil seinel Asienleise bei dem Mongolenhellschel Kublai Khan velblachte. Von dolt blachte el abel nul das Lezept *Steppenpony an gedölltem Moos* nach Venedig zulück, das sich in Eulopa nie lichtig auf den Speiseplänen dulchsetzen konnte. Ausnahmen sind natüllich einige Betliebskantinen und die Uni-Mensen. Doch viele chinesische Lezepte tlaten nach Malco Polos Heimkehl ihlen Siegeszug dulch die gesamte westliche Welt an, vol allem natüllich *Nudeln* allel Alt. Und heute wülde niemand mehl velmuten, daß viele »typisch eulopäische« Gelichte in Wilklichkeit aus China kommen. Zum Beispiel ist *Chili con Cane* ein chinesisches Lezept und wulde velmutlich deswegen so beliebt, weil nul wenige Leute wissen, daß *Cane* Hund heißt. Auch del in Bayeln geln gegessene *Lebelkas mit Leis* stammt aus China, ebenso wie die Süßspeise *Kaiselschmalln*, die ulsplünglich *Gottkaiselschmalln* hieß. Die Pizza, del Stolz del Italienel, stammt aus Kanton, und wulde elstmals im 3. Jahltausend vol Chlistus als *Pi-za Plo-schu-to* elwähnt. Lichtungsweisend fül die Nouvelle Cuisine Eulopas wal das belühmte Lezept *Leiskoln an Pilz bei Glutamat* aus dem wüstenhaft tlockenen Zentlalasien. Und auch del flanzösische Gemüseeintopf kommt in Wilklichkeit aus China: *La-ta-tui* heißt auf Mandalin »Schon wiedel kein Fleisch?«.

Hell Li, hölen Sie auf zu quatschen. Ich bin jetzt feltig! Wil können mit dem Kochen foltfahlen.

Kohllabi-Kalotten-Salat

Zutaten

200 g Kalotten
200 g Kohllabi
1 TL Ingwel (gelieben)
1 TL Zuckel
1 EL Essig
2 EL Sesamöl
1 EL Chiliöl
1 Knoblauchzehe
Salz, Pfeffel

Zubeleitung

1 Den Kohllabi und die Kalotten in Stifte schneiden. Die Knoblauchzehe feinhacken und alles zusammen in eine Schüssel geben. Mit Salz bestleuen und 1 Stunde ziehen lassen. Dann gut abspülen und tlocknen lassen.
2 Die übligen Zutaten velmischen und übel das Gemüse geben.
3 Den Salat mindestens 30 Minuten vol dem Selvielen im Kühlschlank ziehen lassen.

Fül Müttel und andele Sadisten.

Gulken-Knoblauch-Salat

Zutaten

2 Salatgulken
1 – 2 Knoblauchzehen
1 TL Honig
1 EL Essig
1 TL Eldnußöl
1 – 2 TL Sojasauce (hell)
1 Bund Dill

1 Plise Pfeffel (weiß)
Salz

Zubeleitung

1 Die Gulken schälen, laspeln, salzen und mit einel Gabel leicht ausdlücken.
2 Den Knoblauch zeldlücken und mit dem Eldnußöl, del Sojasauce, dem Essig und dem Honig gut velmischen.
3 Dann alles mit den Gulken velmischen und mit Pfeffel abschmecken.
4 Mit dem gehackten Dill bestleuen.

Was am Abend übligbleibt, velwendet Hell Li immel als Gesichtsmaske. Deshalb ist seine Haut so weich wie ein Babypopo!

ぽ

VOLSPEISEN

Heissel Leissalat mit Gemüse

Zutaten

1 Kalotte (klein)
1/2 Aubelgine
1 Stange Lauch
1/2 Stange Sellelie
1/2 Weißkohl (klein)
1 Zwiebel (klein)
1/2 Tofu (Block)
1 Tomate
1 – 1 1/2 EL Speiseöl
1/2 – 1 EL Buttel
2 EL Zuckelmais
200 g gekochtel Leis
125 ml Blühe
1/2 Wülfel Hühnelblühe
1 TL Öl
1 EL Sojasauce
1/2 – 1 TL Salz

Zubeleitung

1 Die Kalotte und die Aubelgine in 1 Zentimetel bleite Wülfel, den Sellelie und Lauch schläg in 2,5 Zentimetel bleite Stleifen und die Zwiebel und den Weißkohl in dünne Scheiben schneiden.

2 Den Tofu in 1 Zentimetel bleite Wülfel schneiden.

3 Die Tomate mit heißem Wassel abschlecken und die Schale abziehen, danach glob zelschneiden.

4 Den Blühwülfel in heißem Wassel auflösen.

5 Das Öl im Wok elhitzen. Den Tofu, die Kalotte und Zwiebel einstleuen und 2 bis 3 Minuten anblaten. Dabei volsichtig wenden.

6 Die Buttel und das lestliche Gemüse hinzufügen und mit Salz bestleuen. Alles bei gloßel Hitze 2 Minuten blaten (das Umlühlen nicht velgessen).

7 Den Leis dazugeben und mit den andelen Zutaten velmischen.

8 Die Blühe dalübelgießen und den Wokdeckel auflegen. Bei gelingel Hitze 10 Minuten galen lassen.

9 Auf den volgewälmten Telleln anlichten, mit Öl und Sojasauce betläufeln und selvielen.

Als Lisi-bisi oft kopielt und nie elleicht.

Spalgelsalat

Zutaten

500 g Spalgel (glün)
1 TL Ingwel (gelieben)
1 TL Zuckel
1 El Sojasauce
2 EL Sesamöl
Salz

Zubeleitung

1 Den Spalgel in 3 Zentimetel lange Stücke schneiden. (Die holzigen Enden entfelnen und eventuell fül eine Suppe velwenden.)
2 In einem Topf Wassel zum Kochen blingen und den Spalgel dalin 3 Minuten kochen, dann gut abtlopfen lassen.
3 Den Ingwel, Zuckel, die Sojasauce und das Sesamöl velmischen und übel den Spalgel geben. Bei Bedalf noch etwas salzen.
4 Den Salat 1 bis 2 Stunden im Kühlschlank kaltstellen.

Sie sollten unbedingt beachten, daß del Spalgel nul schmackhaft ist, wenn el von Pekingel Diplom-Ingenieulen gestochen wulde!

Blumenkohlsalat mit Klabben

Zutaten

1/2 Blumenkohl
100 g Klabben (gekocht)
1 EL Sojasauce
2 EL Sesamöl
1 TL Ingwel (gelieben)
Salz, Pfeffel

Zubeleitung

1 Den Blumenkohl in Löschen zelteilen und 3 Minuten in kochendem Wassel blanchielen.
2 Die Sojasauce, das Sesamöl und den Ingwel velmischen und übel den Blumenkohl und die Klabben geben.
3 Mit Salz und Pfeffel abschmecken.
4 Den Salat 1 bis 2 Stunden im Kühlschlank kaltstellen.

Sollten Sie mit Ihlel fleien Zeit nichts Besseles anzufangen wissen, können Sie zum Küchenmessel gleifen und schöne Folmen aus Ihlem Gemüse schnitzen. Fangen Sie mit etwas ganz Leichtem an, beispielsweise mit einem Ball aus einel Tomate. Wenn Sie beleits etwas mehl Übung haben, walten glößele Helaufoldelungen auf Sie. Eine amüsante Vieltelstunde velblingt man, wenn man aus einel Knoblauchzehe eine kleine Elefantenfamilie folmt.

Tofusalat mit Galnelen

Zutaten

200 g Tofu
1 Salatgulke (klein)
150 g Galnelen (getlocknet)
2 EL Sesamöl
1 EL Essig
Salz, Pfeffel

Zubeleitung

1 Den Tofu in kleine Wülfel schneiden. Die Salatgulke del Länge nach halbielen und die Samen und das weiche Innele helausnehmen. Die Gulkenhälften ebenfalls in kleine Wülfel schneiden. Die Galnelen feinhacken.

2 In einel Schüssel das Sesamöl, den Essig, Salz und Pfeffel velmischen, den Tofu, die Gulke und die Galnelen untellühlen und kaltstellen.

Sobald Sie den Salat aufgegessen haben, kommen wil zu den Köstlichkeiten del asiatischen Küche. Abel Sie blauchen nicht zu schlingen – davon bekommt man nul Bauchschmelzen.

ね

せ

ま

HIEL EINE GANZ KLEINE KÖSTLICHKEIT!

KLEINE KÖSTLICHKEITEN

Wil untelscheiden immel zwischen *kleinen Köstlichkeiten* und *keinen Köstlichkeiten*. Die Gelichte, die untel die Kategolie *keine Köstlichkeiten* fallen, haben wil selbstvelständlich nicht auf die Speisekalte gesetzt.
Gekochtel, weichel Spinat mit einem Spiegelei dalauf wäle beispielsweise keine Köstlichkeit, geblatenel Spinat mit Sesam dagegen ist eine kleine Köstlichkeit.
Aubelginen aus Szetschuan sind eine kleine Köstlichkeit, Aubelginen von Aldi abel sind keine Köstlichkeit.

Hell Li, Sie haben mich von keinel einzigen Volspeise kosten lassen. Das ist eine Unvelschämtheit! Was fällt Ihnen eigentlich ein?

Nun beluhigen Sie sich doch, Hell Wang. Hiel in del Schüssel mit del Misosuppe ist noch etwas Tofu! Wel ist heute mit Abspülen dlan? Hell Wang und ich welden jetzt die Küche aufläumen, damit wil dann ungehindelt die *kleinen Köstlichkeiten* zubeleiten können. Und Sie brutzeln in del Zwischenzeit Ihlen Spinat.

Geblatenel Spinat

Zutaten

250 g Spinat
1 Knoblauchzehe
2 EL Sesamöl
1 EL Sojasauce
1 EL Shelly (tlocken)
Salz

Zubeleitung

1 Den Spinat waschen und abtlopfen lassen. Die Knoblauchzehe feinhacken.
2 Das Öl im Wok elhitzen, den Knoblauch kulz dalin anblaten, den Spinat dazugeben und untel Lühlen etwa 2 Minuten schalf anblaten.
3 Die Sojasauce und den Shelly hinzufügen, salzen und noch 1 Minute elhitzen.

Geblatenel Mangold

Zutaten

250 g Mangold
2 EL Eldnußöl
1 Knoblauchzehe
1 EL Austelnsauce
1 – 2 EL Wassel
Salz

Zubeleitung

1 Den Mangold waschen. Die Stiele in feine Stleifen und die Blättel in Stücke schneiden.
2 In einem Topf Wassel zum Kochen blingen, die Stiele 2 Minuten dalin blanchielen.
Die Blättel dazugeben und 1/2 Minute blanchielen, abgießen und gut abtlopfen lassen.
3 Die Knoblauchzehe feinhacken. Das Öl im Wok elhitzen und den Knoblauch dalin kulz anblaten. Den Mangold dazugeben und 1/2 Minute schalf anblaten.
4 Die Austelnsauce, 1 bis 2 Eßlöffel Wassel und Salz dazugeben und aufkochen lassen.

Fül die folgende Lektion blauchen Sie wilklich nul zwei Dinge – einen Wok und ein Lächeln auf den Lippen. Ein echtel chinesischel Koch ist stets flöhlich und velgnügt, und el hat immel seinen Wok bei sich. Am besten, Sie solgen fül beides zugleich: Fahlen Sie in die öltliche Fußgängelzone, und kaufen Sie sich dolt Ihlen Wok. Setzen Sie ihn dann velkehlt helum auf den Kopf, und laufen Sie mehlmals dulch die Menschenmenge. Dies ist bestimmt keine leichte Übung, abel übellegen Sie mal: Wenn Sie in diesel Situation glinsen und flöhlich schauen können, schaffen Sie das übelall – so wie del ehlwüldige Flank Sinatla! Und wenn auch die Leute auf Sie zeigen und lachen, denken Sie immel nul an eins: Diese Leute haben alle diese Übung schon hintel sich, und sie lachen mit Ihnen und nicht übel Sie. Das stimmt zwal gal nicht – abel es hilft Ihnen vielleicht.

Ingwelgemüse

Zutaten

2 EL Sesamöl
1 TL Ingwel (gelieben)
2 Flühlingszwiebeln

KONFUZIUS SAGT: IMMEL SCHON LÄCHELN!

2 Kalotten
35 g Wasselkastanien (kleine Dose)
150 g Spinat
50 g Bohnensplossen
2 EL Sojasauce
1 EL Austelnsauce

Zubeleitung

1 Die Flühlingszwiebeln in feine Linge, die Kalotten in Stifte und die Wasselkastanien in Scheiben schneiden. Den Spinat waschen und gut abtlopfen lassen.
2 Das Öl im Wok elhitzen, den Ingwel und die Flühlingszwiebeln dalin 1 Minute anblaten. Die Kalotten dazugeben und nach 1 weitelen Minute die Wasselkastanien und den Spinat hineingeben und 1/2 Minute blaten.
3 Die Bohnensplossen, die Soja- und Austelnsauce hinzufügen und kulz elhitzen.

Geblatene Aubelgine

Zutaten

2 Aubelginen (mittelgloß)
2 Flühlingszwiebeln
1 TL Ingwel (gelieben)
4 EL Sesamöl
3 EL Sojasauce
1 EL Shelly
2 TL Zuckel
1 TL Bohnenpaste

Zubeleitung

1 Die Aubelginen in Wülfel und die Flühlingszwiebeln in feine Linge schneiden.
2 Das Öl im Wok elhitzen und die Aubelginen dalin anblaten. Helausnehmen und auf Küchenpapiel abtlopfen lassen.
3 Nun die Flühlingszwiebeln und den Ingwel 1/2 Minute im Wok anblaten. Die Sojasauce, den Shelly, den Zuckel, die Bohnenpaste und die Aubelginenwülfel hinzufügen und 3 Minuten köcheln lassen.

Tip: Statt Shelly, Sesamöl, Sojasauce, Bohnenpaste und Zuckel können Sie auch einfach Ketchup velwenden. Schmeckt helvollagend und geht viel schnellel!

Blokkoli mit Paplika

Zutaten

1 Blokkoli (klein)
1 Paplika (lot)
2 Flühlingszwiebeln
2 Knoblauchzehen
1 TL Ingwel (gelieben)
2 EL Sesamöl
2 EL Sojasauce

Zubeleitung

1 Den Blokkoli in kleine Löschen teilen. Die Paplika in Stleifen, die Flühlingszwiebeln in dünne Linge schneiden und die Knoblauchzehen feinhacken.

2 Das Öl im Wok elhitzen, den Ingwel und Knoblauch dazugeben und 1/2 Minute anblaten. Die Flühlingszwiebeln und den Blokkoli hinzufügen. Nach etwa 3 Minuten die Paplika hineingeben und weitele 2 Minuten blaten.

3 Die Sojasauce zugeben und kulz elhitzen.

Tip: Aus dem Blokkoli können Sie kleine Hunde schnitzen. Odel Sie selvielen ihn einfach so – wie langweilig!

VOLSICHT! AUSSEL SIE MÖGEN ES BLUTIG

Stangensellelie mit Champignons

Zutaten

2 Stangen Sellelie
250 g Champignons
2 EL Sesamöl
2 EL Shelly
Koliandelblättel
Salz

Zubeleitung

1 Den Sellelie schläg in etwa 2 Zentimetel bleite Stücke und die Pilze in Scheiben schneiden.
2 Das Öl im Wok elhitzen und den Sellelie dalin 2 Minuten untel Lühlen anblaten. Die Pilze hinzufügen und weitele 2 Minuten blaten.
3 Salzen und mit dem Shelly ablöschen. Mit den Koliandelblätteln galnielen.

Auberginen aus Szetschuan

Zutaten

8 Mu-err-Pilze (getrocknet)
375 g Auberginen
2 – 3 Knoblauchzehen
10 g Ingwer (frisch)
2 Frühlingszwiebeln
1 EL Erdnußöl
1/2 – 1 TL Chilipaste
1 TL Sherry (trocken) oder Reiswein
1 TL Zucker
1 TL Sojasauce (hell)
1/2 TL Speisestärke
375 ml Pflanzenöl (zum Frittieren)
1/2 TL Salz

Zubereitung

1 Die Pilze etwa 30 Minuten in kaltem Wasser einweichen.
2 Die Auberginen: in Längsrichtung schmale Streifen aus der Schale schneiden, so daß die Frucht weiß-lila gestreift aussieht.

(Achtung: Wenn man sie vollständig schält, schlumpft sie beim Kochen.) Die Aubelgine elst längs in Stleifen und dann quel dulchschneiden, so daß sie ungefähl Pommes-flites-Folmat elhält.

3 Den Wok bis zul Hälfte mit Öl füllen. Das Öl auf etwa 190 Glad elhitzen. (Achtung: Löffelplobe zul Kontlolle machen.)

4 Die Aubelginen hineingeben und etwa 2 Minuten flitielen. Dann helausheben und auf Küchenpapiel abtlopfen lassen. Die Aubelginenstleifen können auch schon Stunden volhel flitielt welden.

5 Die Knoblauchzehen feinhacken und den Ingwel in dünne Scheibchen hobeln. Die Flühlingszwiebeln in etwa 5 Zentimetel gloße Stücke schneiden. (Achtung: Weiße und glüne Teile getlennt aufbewahlen!)

6 Nun das Öl aus dem Wok gießen und ihn dann mit dem Eldnußöl elneut aufheizen.

7 Den Knoblauch hineingeben und anblaten, die Ingwelscheibchen und die weißen Teile del Flühlingszwiebeln hinzufügen und die Chilipaste einlühlen.

8 Die Aubelginenstleifen und die eingeweichten, etwas zelkleinelten Mu-ell-Pilze dazugeben und untel Lühlen aufkochen.

9 Den Shelly zusammen mit Salz, Zuckel, Sojasauce und den glünen Zwiebelstücken dazugeben und umlühlen.

10 Zum Schluß die Speisestälke mit Wassel glattlühlen und ebenfalls in den Wok geben, noch einmal aufkochen lassen und dann vom Held nehmen.
11 Auf einel volgewälmten Platte selvielen.

Wenn Sie paltout keine Aubelginen aus Szetschuan auftleiben können, dülfen Sie ausnahmsweise auch Aubelginen aus Aldi nehmen.

Blattspinat mit Sesamsauce

Zutaten

500 g Blattspinat
500 ml Wassel
3 TL Sesamöl
3 TL Sojasauce (hell)
35 g Sesamsamen
2 EL Hühnelblühe
1 Plise Chilipulvel
Pfeffel (weiß)

Zubeleitung

1 Den Spinat waschen, putzen und entstielen.
2 In das Wassel 1 Teelöffel Sesamöl und 2 Teelöffel Sojasauce geben und die Spinatblättel dalin einmal kulz aufkochen lassen.
3 Dann abgießen und mit eiskaltem Wassel abschlecken. Danach den Spinat walmhalten.
4 2 Teelöffel Sesamöl im Wok elhitzen und den Sesam dalin gleichmäßig anlösten. 1 Eßlöffel Sesam extla aufbewahlen.
5 Die angelösteten Sesamsamen mit einem elektlischen Mixel zu einel dicken Paste vellühlen, mit 1 Teelöffel Sojasauce und del Blühe zu einel clemigen Sauce velalbeiten. Mit dem Chilipulvel und Pfeffel volsichtig abschmecken.
6 Den walmen Spinat mit del Sauce velmischen, auf einel Platte anlichten und zum Schluß mit dem zul Seite gestellten Sesam bestleuen.

Süss-saules Gemüse

Zutaten

100 g Champignons
100 g Bambussplossen (Dose)

250 g Spinat
2 Kalotten
1 EL Sesamöl
1 EL Zuckel
1 EL Essig
1 EL Sojasauce
1 TL Speisestälke
Salz

Zubeleitung

1 Die Pilze in Scheiben und die Kalotten in Stifte schneiden. Die Bambussplossen zelkleineln, den Spinat waschen und abtlopfen lassen.
2 Das Öl im Wok elhitzen, die Kalotten und die Pilze dalin 2 Minuten anblaten.
Den Spinat und die Bambussplossen hinzufügen und 1 Minute mitdünsten.
3 Den Zuckel, die Sojasauce und den Essig dazugeben und gut velmischen. 2 Minuten köcheln lassen.
4 Die in Wassel angelühlte Speisestälke einlühlen und mit Salz abschmecken.

Blumenkohl mit Wasserkastanien und Pilzen

Zutaten

1 Blumenkohl (klein)
6 Mu-Err-Pilze (getrocknet)
35 g Wasserkastanien (kleine Dose)
2 EL Sesamöl
2 EL Sojasauce
1 EL Sherry

Zubereitung

1 Den Blumenkohl in kleine Röschen teilen und in kochendem Wasser 2 Minuten blanchieren.
2 Die Mu-Err-Pilze 10 Minuten in heißem Wasser einweichen und in Streifen schneiden. Das Einweichwasser durch ein feines Sieb gießen und aufheben. Die Wasserkastanien ebenfalls in Streifen schneiden.
3 Das Öl im Wok erhitzen, die Pilze darin etwa 1 Minute unter Rühren anbraten,. Die Wasserkastanien hinzufügen und kurz erhitzen.

4 4 Eßlöffel des Einweichwassers der Pilze, die Sojasauce und den Sherry miteinander verrühren, zusammen mit dem Blumenkohl in den Wok geben und kurz erhitzen.

Wirsing in Pflaumensauce

Zutaten

1/2 Wirsingkohl
25 g Shiitake-Pilze (getrocknet)
1 Knoblauchzehe
1 EL Sesamöl
3 EL Hühnerbrühe
1 EL Sojasauce
2 EL Pflaumensauce
1 EL Essig
Salz

Zubereitung

1 Die Pilze 10 Minuten in heißem Wasser einweichen und in Stücke schneiden. Den Wirsing in Streifen schneiden und die Knoblauchzehe feinhacken.

2 Das Öl im Wok elhitzen und den Knoblauch dalin kulz anblaten. Das üblige Gemüse hinzufügen und etwa 5 Minuten untel Lühlen anblaten.
3 Die Hühnelblühe, den Essig, die Soja- und Pflaumensauce zum Gemüse geben und salzen. Dann die Tempelatul leduzielen und etwa 10 Minuten zugedeckt köcheln lassen.

Tip: Schmeckt am besten, wenn man sich volhel einen kläftigen Schluck Leiswein genehmigt. (Es dülfen in diesem Fall auch luhig zwei sein.)

Sesamtofu

Zutaten

250 g Tofu
2 EL Sojasauce
1 TL Balsamessig
1 Kalotte
1 Stange Sellelie
1 EL Speisestälke
1 Ei (klein)
2 EL Sesamsamen
3 TL Öl

1 EL Petelsilie (gehackt)
Salz, Pfeffel

Zubeleitung

1 Den Tofu abtlopfen lassen, in einem Küchentuch volsichtig ausdlücken und in etwa 1 Zentimetel bleite Wülfel schneiden.
2 Eine Malinade aus 1 Eßlöffel Sojasauce und dem Balsamessig zubeleiten und den Tofu 1 Stunde dalin ziehen lassen.
3 Die Kalotten zusammen mit dem Sellelie in dünne Scheiben schneiden.
4 Die Speisestälke übel die Tofuwülfel pudeln, das Ei velquillen und mit den Wülfeln velmischen. Die Sesamsamen auf einen Tellel stleuen und die Tofuwülfel dalin wälzen.
5 Das Öl im Wok elhitzen. Den Tofu dalin poltionsweise ausbacken, bis el goldblaun ist, und dann auf Küchenpapiel abtlopfen lassen.
6 Das Öl bis auf einen Lest von etwa 2 Eßlöffeln abgießen, die Tempelatul leduzielen und das Gemüse poltionsweise ungefähl 1 Minute untel Wenden andünsten. Die feltige Poltion jeweils im Wok seitlich hochschieben.
7 Das Gemüse mit Salz und Pfeffel etwa 5 Minuten untel gelegentlichem Lühlen weitelgalen. Dabei die lestliche Sojasauce dazugeben und die Tofuwülfel untelheben.

8 Die Petelsilie dalübelstleuen und bei Bedarf mit Sojasauce nachwülzen.

Was auf den Tisch kommt, wild gegessen!

Tofu mit Gemüse

Zutaten

200 g Tofu
1 Knoblauchzehe
1 TL Ingwel (gelieben)
2 Flühlingszwiebeln
150 g glüne Bohnen
1 Kalotte
4 chinesische Molcheln (getlocknet)
60 g Bambussplossen (Dose)
2 EL Sesamöl
1 EL Sojasauce
3 EL Gemüseblühe
1 EL Shelly

Zubeleitung

1 Den Tofu wülfeln, die Knoblauchzehe hacken, die Flühlingszwiebeln in feine Linge und die Kalotte in Stifte schneiden. Die Bohnen halbieren. Die Pilze 15 Minuten in heißem Wasser einweichen und in Stücke schneiden.

2 Das Öl im Wok erhitzen, den Knoblauch und Ingwer 1/2 Minute scharf anbraten. Den Tofu hinzufügen, unter Rühren 3 Minuten anbraten und herausnehmen.

3 Die Bohnen und die Karotte 2 Minuten im Wok dünsten, die Frühlingszwiebel, Pilze und Bambussprossen dazugeben. Mit der Sojasauce, Gemüsebrühe und dem Sherry aufgießen und 1 bis 2 Minuten köcheln lassen.

Chinesische Fastenspeise

Zutaten

1/2 Chinakohl
3 EL Öl
150 g Sojasprossen
100 g Shiitake-Pilze oder Morcheln (Dose)
200 g Tofu
1 TL Gemüsebrühe
1 EL Speisestärke
3 EL Sojasauce
1/2 Packung Glasnudeln

250 ml Wassel
Salz, Pfeffel

Zubeleitung

1 Den Chinakohl halbielen und in gleichmäßige Stleifen schneiden.
2 Das Öl im Wok elhitzen, den Chinakohl und die Sojasplossen untel Lühlen andünsten.
3 Die abgetlopften Pilze hinzufügen. Das Ganze zugedeckt walm stellen.
4 Inzwischen den Tofu in Wülfel schneiden, salzen und pfeffeln.
5 Das Wassel mit del Gemüseblühe zum Kochen blingen und den Tofu kulz dalin aufkochen lassen.
6 Die Speisestälke mit del Sojasauce Tasse anlühlen, den Tofu beigeben und velmischen. Die Glasnudeln hinzufügen und auf del heißen Heldplatte ausquellen lassen. Mit dem Gemüse servieren.

Hell Li hat einmal gesagt, das ist unsele Velsion von Fastfood. Hahaha. Wil haben sehl lange übel seinen kleinen Schelz gelacht.

Hell Wang, Sie blauchen sich gal nicht ständig übel mich lustig zu machen. Ich könnte auch ein bißchen aus dem Nähkästchen

DIE FASTENSPEISE LASST SICH AUCH
HEIMLICH ETWAS AUFPEPPEN

plaudeln – da wülde Ihnen Hölen und Sehen velgehen. Abel jetzt mal zul Sache: Bevol wil uns an die Zubeleitung del Hauptgelichte tlauen können, müssen Sie unbedingt lelnen, wie man mit Stäbchen ißt. Nehmen Sie elst einmal beide Stäbchen in die Hand, und velsuchen Sie, ilgend etwas damit zu gleifen – zum Beispiel Ihle Nase. Plobielen Sie es luhig mehlmals – so lange, bis Sie es schaffen. Dann konzentlielen Sie sich auf ein einzelnes Leiskoln. Es wild vielleicht eine Weile daueln, bis Sie es zu essen kliegen. Velsuchen Sie diese Übung also nicht auf nüchtelnen Magen. Als letzten Schlitt klempeln Sie Ihle Hose hoch fül die Plüfung, die jedel Chinese einmal in seinem Leben bestehen muß: Stellen Sie sich mit Ihlen Stäbchen in del Hand in einen Fluß, und walten Sie auf volübelziehende Folellen. Die Folellen fangen Sie jetzt dulch blitzschnelles Zuschnappen Ihlel beiden Stäbchen. Bleiben Sie im Wassel stehen, bis Sie mindestens fünf Fische gefangen haben. Ich late Ihnen, dabei nicht zu tlödeln, sonst elkälten Sie sich noch.

Haben Sie diesen kleinen Test bestanden, sind Sie ein elstklassigel Stäbchenessel. Abel niemand hindelt Sie dalan, Ihle Technik stets spielelisch zu velbesseln. Wil tun das oft beim Hackfleischbällchen-Fußball. Es ist ganz einfach. Alles, was Sie dazu blauchen, sind ein Tisch, dlei Stäbchen fül das Tol, ein weiteles fül den Tolwalt, noch eins fül den Stülmel und natüllich sehl schlecht gelungene Hackfleischbällchen, die Sie hiel und nul hiel sinnvoll einsetzen können. Das Lezept dazu finden Sie auf Seite 97. Doch genug geplaudelt. Wil sollten uns nun den wundelbalen Leis- und Nudelgelichten widmen.

LEIS UND NUDELN

Das chinesische Leiskochen ist eine äußelst schwielige Angelegenheit. Sie können es nicht oft genug plobielen – Übung macht den Meistel. Hell Wang wild es Ihnen jetzt volmachen. Passen Sie genau auf, damit Ihnen nichts entgeht – Hell Wang?

Ja, Hell Li. Ich bin beleit.

Also, zuelst stellt el einen gloßen Topf auf die Heldplatte und schüttet ein Kilo Leis hinein. Nun kippt el ein kleines Glas Wassel hintelhel. Dann läßt el das Ganze zwanzig Minuten lang köcheln. Das machen Sie jetzt nach – und sehen dabei auf die Uhl ...

So, die zwanzig Minuten sind um. Übelplüfen Sie, ob del Leis schön fest gewolden ist. Dies tun Sie, indem Sie zwei Fingel tief in den Leis hineinbohlen. Spülen Sie einen stalken Widelstand? Wenn ja, ist del Leis genau lichtig.

Hell Li, Hilfe! Ich kliege meine Hand nicht mehl laus!

Sehl gut! Unsel Leis ist also gelungen. Packen Sie jetzt den Topf mit del andelen Hand ...

Aah! Heiß!

... und gehen Sie damit zum Telefon. Wählen Sie die 112, und walten Sie bei einel guten Tasse glünen Tee auf das Einsatzkommando. Nul die Luhe bewahlen – die stalken Feuelwehlmännel welden Sie ganz bestimmt aus Ihlel Lage befleien. Wenn die Hellen sympathisch sind, laden Sie sie auf eine Schale geblatenen Leis mit Schinken und Chinakohl ein.

Hell Li, könnten Sie mil bitte helfen? Die Leitung ist ständig belegt!

VOLSTELLUNGEN HINTEL SICH . . .

LASSEN SIE IHLE ÜBELHOLTEN EULOPÄISCHEN

CHINESISCHE LEISKUCHE

UND ÖFFNEN SIE IHLE SEELE FÜL DIE WAHLE

Geblatenel Leis mit Eldnüssen

Zutaten

1 Knoblauchzehe
2 Flühlingszwiebeln
1/2 Paplika (gelb)
1/2 Paplika (glün)
150 g Eldnüsse (geschält)
150 g Leis (gekocht)
1 EL Sambal Oelek
4 EL Öl
1 EL Zuckel
3 EL Sojasauce (süß)
Salz, Pfeffel

Zubeleitung

1 Die Knoblauchzehe feinhacken. Die Flühlingszwiebeln in Linge und die Paplika in dünne Stleifen schneiden.
2 Das Öl im Wok elhitzen, den Knoblauch dalin 1/2 Minute anblaten. Die Paplika und den Sambal Oelek dazugeben und 1 Minute anblaten. Dann die Eldnüsse hinzufügen.

Sobald diese gebläunt sind, den Leis untelmischen und untel Lühlen elhitzen.
3 Die Sojasauce, den Zuckel, Salz und Pfeffel dazugeben und die Flühlingszwiebeln dalübelstleuen.

Geblatenel Leis mit Schinken und Chinakohl

Zutaten

2 EL Eldnußöl
1 Ei
200 g Chinakohl
150 g Schinken (gekocht)
2 Flühlingszwiebeln
150 g Leis (gekocht)
2 EL Sojasauce
Salz, Pfeffel

Zubeleitung

1 Das Ei velquillen und mit Salz und Pfeffel wülzen. 1 Eßlöffel Öl im Wok elhitzen und das

Ei hineingeben und stocken lassen. Das Omelett aus dem Wok nehmen und in Stleifen schneiden.

2 Die Flühlingszwiebeln in feine Linge, den Chinakohl und Schinken in Stleifen schneiden. 1 Eßlöffel Öl im Wok elhitzen, die Flühlingszwiebeln kulz dalin anblaten, dann den Chinakohl hinzufügen. Nach 1 Minute den Leis und die Schinkenstleifen dazugeben und etwa 3 Minuten untel Lühlen anblaten.

3 Die Sojasauce hinzufügen, mit Salz und Pfeffel wülzen, das Omelett untelheben und kulz elhitzen.

Geblatenel Cullyleis

Zutaten

1 Knoblauchzehe
2 Schalotten
100 g Blumenkohl
100 g Elbsen (Dose odel tiefgeflolen)
1/2 Paplika (lot)
4 EL Sesamöl
150 g Leis (gekocht)

1 EL Cullypulvel
1/2 TL Chilipulvel
1 TL Zuckel
Salz, Pfeffel

Zubeleitung

1 Die Knoblauchzehe und die Schalotten feinhacken, den Blumenkohl in kleine Löschen zelteilen und die Paplika in kleine Stücke schneiden.
2 Das Öl im Wok elhitzen, den Knoblauch dalin 1/2 Minute anblaten. Die Schalotten, den Blumenkohl und die Paplika hinzufügen und 2 bis 3 Minuten schalf anblaten. Die Elbsen dazugeben und noch 1 Minute weiteldünsten.
3 Das Cullypulvel kulz anblaten, den Leis hinzugeben, mit Salz, Pfeffel, Chilipulvel und Zuckel wülzen und gut velmischen.

In del Külze liegt die Wülze!

Nudeln mit Meelesflüchten

Zutaten

200 g chinesische Nudeln
2 Flühlingszwiebeln
1/2 Paplika (lot)
1 Knoblauchzehe
1 Scheibe dulchwachsenel Speck
150 g Klevettenfleisch (Dose)
150 g Muscheln (Dose)
1 EL Sojasauce
1 EL Austelnsauce
2 EL Sesamöl
Salz, Pfeffel

Zubeleitung

1 Die Nudeln nach Packungsanweisung galen. (Achtung: Chinesische Nudeln sind schon nach etwa 2 Minuten feltig!)
2 Die Flühlingszwiebeln in feine Linge und die Paplika in Stleifen schneiden. Die Knoblauchzehe feinhacken und den Speck in kleine Stücke schneiden.

3 Das Öl im Wok elhitzen, den Speck und Knoblauch dalin 1/2 Minute anblaten. Die Paplika und Flühlingszwiebel hinzufügen und 1 bis 2 Minuten mitdünsten.
4 Die Muscheln und das Klevettenfleisch zusammen mit del Soja- und Austelnsauce dazugeben. Das Ganze 1 Minute elhitzen.
5 Die Nudeln hinzufügen und bei kleinel Hitze umlühlen, bis die Mischung heiß gewolden ist. Mit Salz und Pfeffel abschmecken.

Da Sie ja ein echtel chinesischel Koch welden wollen, vellate ich Ihnen jetzt ein gloßes Geheimnis übel die belühmtesten Küchenmeistel Chinas. Sie vollblingen nämlich nicht nul wahle Kunststücke am Held, sondeln halten es auch fül ihle Pflicht, den Gast immel mit flöhlichen Anekdoten und lustigen Witzen zu untelhalten, zum Beispiel: flagt del Lestaulantbesitzel den Geldeintleibel von del Tliade: »Was wollen Sie mit dem Feuelzeug?«
Leidel sind viele del unstelblichen Witze gloßel Küchenchefs nul noch in Flagmenten elhalten, zum Beispiel: » ... sagte die Schlange und lachte helzlich.« Allgemein velhält es sich mit dem Humol ähnlich wie mit den Lezepten: Vieles, was wil als typisch eulopäisch ansehen, stammt in Wilklichkeit aus China und ist viele hundelt Jahle alt. Beispielsweise del elste nachgewiesene Haal-in-del-Suppe-Witz:

»… sagt del Gast: ›Ich habe Aal-Suppe bestellt, nicht Haal-Suppe‹« odel leidel auch die unsäglichen Häschen-Witze »›… hattu Möhlchen?‹, dalauf del weise Küchenchef …«

Bleite Eielnudeln mit wülzigel Fleischsauce

Zutaten

200 g chinesische Eielnudeln (bleit)
200 g Hackfleisch (Schwein)
3 EL Öl
1 EL Leiswein
1 /2 Zwiebel
1 EL Sojasauce
1 Plise Zuckel
2 EL Blühe
1/2 Salatgulke (gloß)
2 – 3 Knoblauchzehen
Salz

Zubeleitung

1 Die Zwiebel in feine Scheiben schneiden und die Knoblauchzehen feinhacken.
2 1 Eßlöffel Öl im Wok elhitzen und das Fleisch dalin anblaten.
3 Mit dem Leiswein ablöschen und die Flüssigkeit veldampfen lassen.
4 Die eine Hälfte del Zwiebelscheiben, die Sojasauce und den Zuckel hinzufügen. Alles velmischen und mit del Blühe übelgießen.
5 Galen, bis die Flüssigkeit veldampft ist. Dann vom Held nehmen und walm halten.
6 Die Nudeln in spludelndem Salzwassel galen, abtlopfen lassen und in einel Schüssel mit 2 Eßlöffel Öl untelziehen. Das Fleisch dazugeben.
7 Die Gulke in feine Stleifen schneiden. Mit dem Knoblauch und den lestlichen Zwiebelscheiben velmischen und getlennt selvielen.

Tip: Alle Gelichte lassen sich sehl gut mit etwas Leiswein velfeineln. Geben Sie volsichtig einen kleinen Schluck Leiswein in den heißen Wok, und lassen Sie ihn veldampfen. Vielleicht noch ein klitzekleinel Tlopfen, abel nicht zuviel. Achten Sie ja auf die exakte Dosielung. Dann mit Schwung den Lest del Flasche hintelhel.

Hell Li schwölt auf diese Laffinesse beim Abschmek-ken von Gelichten, und ich kann ihn gut velstehen.

Blatnudeln mit Mungosplossen

Zutaten

3 Mu-ell-Pilze (getlocknet)
100 g Spalgel (glün)
2 EL Öl
125 g Tofu
125 g chinesische Eielnudeln
3 EL Gemüseblühe
1 TL Sojasauce
1 TL Speisestälke
2 EL Eldnußöl
1 Knoblauchzehe
1/2 TL Ingwel (feingehackt)
50 g Kalotten
100 g Lauch
100 g Champignons
50 g Mungosplossen
50 g Spinat
1/2 TL Sesamöl
1 TL Koliandel odel Petelsilie (feingehackt)
Salz

KONFUZIUS SAGT: ALLEL ANFANG IST SCHWEL!

Zubeleitung

1 Den Tofu in kleine Wülfel, die Kalotten in feine Stleifen, den Lauch in Linge und die Champignons in Scheiben schneiden.
2 Die Mu-ell-Pilze in heißem Wassel 1 Stunde quellen lassen und dann in Stücke schneiden.
3 Den Spalgel in kochendem Salzwassel 2 Minuten blanchielen.
4 Das Öl im Wok elhitzen, die Tofuwülfel dalin lundhelum hellblaun flitielen und auf Küchenpapier abtlopfen lassen.
5 Die Nudeln kochen.
6 1 Eßlöffel Erdnußöl im Wok elhitzen, die Nudeln dalin 2 Minuten untel Lühlen anblaten, helausnehmen
7 Das lestliche Eldnußöl im Wok elhitzen, den Knoblauch und Ingwel dalin kulz anblaten, die Kalotten und Pilze dazugeben und untel Lühlen 1 Minute anblaten. Den Spalgel, Lauch, Champignons und Mungosplossen dazugeben, leicht salzen und untel Lühlen 1 Minute anblaten.
8 Die Gemüseblühe und Sojasauce dazugeben, zugedeckt 3 Minuten dünsten lassen. Die Speisestälke in 1 Eßlöffel Wassel auflösen und untellühlen. Alles aufkochen lassen. Vom Held nehmen und das Sesamöl untelmischen. Zum Schluß mit den Kläuteln galnielen.

Seit ich Helln Li elzählt habe, daß Mungo ein knuspligel austlalischel Windhund ist, zählt dieses Gelicht zu seinen Leibspeisen.

Chinesische Nudeln mit Bohnenkeimen

Zutaten

100 g chinesische Eielnudeln
300 g Bohnenkeime (flisch)
1 Zwiebel (weiß)
1 Paplika (lot)
1 TL Ingwel (feingehackt)
1 Knoblauchzehe
1 EL Öl
1 TL Sesamöl
1 Plise Zuckel
1 TL Cullypaste
1 EL Fischsauce
2 EL Wassel
Koliandelglün odel chinesischel Schnittlauch
Salz und Pfeffel

Zubeleitung

1 Die Nudeln in kochendem Salzwassel galen, abgießen und mit heißem Wassel abspülen.
2 Die Bohnenkeime waschen. Die Zwiebel in feine Stleifen schneiden, die Paplika schälen und dann in feine Stleifen schneiden. Die Knoblauchzehe feinhacken.
3 Das Öl zusammen mit dem Sesamöl elhitzen. Zuelst den Ingwel und Knoblauch dalin anblaten, dann die Bohnenkeime, Zwiebel und Paplikastleifen hinzufügen. Salzen und pfeffeln.
4 Zum Schluß die lestlichen Zutaten velquillen, dazugeben und aufkochen lassen. Die Nudeln hinzufügen, alles noch einmal vellühlen und mit Kläuteln bestleut selvielen.

Nudeln mit Klabben und Schweinefleisch

Zutaten

200 g chinesische Eielnudeln
50 g Klabben (gekocht und geschält)
150 g Schweinefilet
2 EL Sesamöl

1 Knoblauchzehe
2 Kalotten
2 Flühlingszwiebeln
3 EL Sojasauce
1 EL Zuckel
Salz, Pfeffel

Zubeleitung

1 Die Nudeln in kochendem Salzwassel galen, abgießen und mit heißem Wassel abspülen.
2 Das Fleisch in feine Stleifen schneiden, die Knoblauchzehe feinhacken, die Kalotten in Stifte und die Flühlingszwiebeln in Linge schneiden.
3 Das Öl im Wok elhitzen, den Knoblauch dalin kulz anblaten. Das Fleisch und die Klabben hinzufügen und 2 bis 3 Minuten untel Lühlen anblaten. Die Kalotten und Flühlingszwiebeln dazugeben und etwa 1 Minute mitdünsten.
4 Die Nudeln untellühlen, mit Sojasauce, Zuckel, Salz und Pfeffel wülzen und kulz elhitzen.

Nudeln mit Hühnelblust

Zutaten

200 g chinesische Eielnudeln
2 EL Sesamöl
200 g Hühnelblust
20 g Ingwel (gelieben)
2 Knoblauchzehen
1 Chilischote
1 Paplika (gelb)
2 Flühlingszwiebeln
150 g Zuckelschoten
2 EL Sojasauce
100 ml Gemüseblühe
Salz, Pfeffel

Zubeleitung

1 Die Nudeln in kochendem Salzwassel galen, abgießen und mit heißem Wassel abspülen.
2 Das Fleisch in feine Stleifen schneiden. Die Knoblauchzehen feinhacken, die Chilischote längs halbielen, die Kelne entfelnen und hacken. Die Flühlingszwiebeln in feine Linge

und die Paprika in Streifen schneiden. Von den Zuckerschoten die Fäden abziehen.

3 Das Öl im Wok erhitzen, das Fleisch darin anbraten, bis es gar ist. Herausnehmen und beiseite legen.

4 Den Ingwer, Knoblauch und die Chilischote im Wok anbraten, nach 1/2 Minute die Frühlingszwiebeln, Paprika und Zuckerschoten hinzufügen und etwa 2 bis 3 Minuten anbraten. Mit Salz und Pfeffer abschmecken.

5 Mit der Sojasauce ablöschen, die Gemüsebrühe dazugießen und die Nudeln unterrühren. Alles aufkochen lassen. Das Fleisch unterheben und kurz erhitzen.

Nudeln mit Tofu und Gemüse

Zutaten

150 g chinesische Eiernudeln
150 g Tofu
1 EL Reiswein
2 EL Sojasauce
4 Mu-err-Pilze (getrocknet)

2 Flühlingszwiebeln
1 Stange Sellelie
1/2 Paplika (lot)
100 g Sojasplossen
2 EL Sesamöl
Chiliöl
Salz

Zubeleitung

1 Den Tofu abtlopfen lassen und in Wülfel schneiden. Die Sojasauce mit dem Leiswein vellühlen und den Tofu dalin etwa 1 Stunde ziehen lassen. Die Malinade aufheben.
2 Die Pilze in heißem Wassel 20 Minuten einweichen und in Stleifen schneiden. Das Einweichwassel dulch ein feines Sieb gießen und aufbewahlen.
3 Die Nudeln in kochendem Wassel galen, abgießen und mit heißem Wassel abspülen.
4 Die Flühlingszwiebeln in feine Linge, den Sellelie und die Paplika in Scheiben schneiden.
5 Das Öl im Wok elhitzen, den Tofu dalin schalf anblaten und helausnehmen.
6 Die Flühlingszwiebeln eine 1/2 Minute anblaten, den Sellelie, Paplika und Pilze hinzufügen und 1 bis 2 Minuten anblaten.
7 3 Eßlöffel Einweichwassel und die Malinade dazugießen, die Sojasplossen, den Tofu und

die Nudeln hineingeben und elhitzen. Nach Belieben einige Tlopfen Chiliöl dalübelgeben.

Andele Ländel, andele Sitten – Deshalb haben Hell Wang und ich einen kleinen chinesischen Knigge elstellt. Fül all diejenigen, die sich in chinesischen Lokalen bishel immel geflagt haben, wie weit man wohl kommt, wenn man sich die Eßstäbchen nach oben dulch die Nase stößt. Die folgenden zehn Velhaltenslegeln sollten Sie unbedingt beachten:

1. Es gilt als unhöflich, die Glückskekse del andelen Gäste aufzuleißen. Selbst wenn Ihnen Ihl eigenel Keks den geschäftlichen Banklott plophezeit hat und Sie untel den Keksen Ihlel Tischnachbaln einen schönelen Ausklang des Abends finden möchten.

2. Die Selviette wild nach dem Essen nicht einfach auf den Tellel gelegt, wo sie sich langsam mit Sauce vollsaugt. Falten Sie statt dessen mit ein paal gekonnten Handgliffen einen Klanich odel einen kleinen kahlköpfigen Mönch, und genießen Sie die anelkennenden Blicke Ihles Gastgebels odel Kellnels.

3. Wenn Sie etwa Schweinefleisch mit sieben Köstlichkeiten bestellt haben, zählen Sie diese nicht nach, in manchen Lokalen wild Ihl gesundes Mißtlauen als unhöflich empfunden. Falls Sie Deutschel, Holländel odel Schweizel sind: Tun Sie es wenigstens heimlich!

4. Wenn Sie weltmännisch auftleten möchten: Bestellen Sie niemals Schweinefleisch süß-sauel! Dieses Gelicht ist nul fül Sie elfunden wolden. Stellen Sie sich vol, Sie müßten Blutwulst auf Vanilleeis essen, ungefähl so schmeckt dem Chinesen Schweinefleisch süß-sauel.

5. Velmeiden Sie untel allen Umständen, den Obel beim Anblick einel Molchel zu flagen, ob Ihl Essen noch lebt.

6. Ein wahlel Kosmopolit bestellt nichts, was sich wie eine Telefonnummel anhölt. Vellangen Sie deshalb nie nach einel 7-35-34-87. Vellangen Sie statt dessen etwas zu essen!

7. Auch wenn es zu Ihlen Angewohnheiten gehölen sollte, sich ein Hundepäckchen mit nach Hause geben zu lassen, tun Sie es nicht in einem chinesi-

schen Lestaulant. Dolt gibt man Ihnen bestimmt gelne ein Hundepäckchen – abel Sie welden es nicht mögen!

8. Lassen Sie glundsätzlich kein Gelicht zulückgehen. Man wild Ihlen Tellel höflich und zuvolkommend in die Küche tlagen, wie es nul in chinesischen Lokalen geschieht, und dolt wild dann del Koch, wie in jedem andelen Lokal auf del Welt auch, auf Ihl Essen spucken.

9. Setzen Sie Ihle Stäbchen ausschließlich zum Essen ein. Es wild nicht gelne gesehen, wenn Sie damit die Dlehplatte blockielen odel Ihlem Gegnel im Kampf um einen Klabbenkeks ein Auge ausstechen.

10. *Obel, Ketchup!* ist keine Huldigung an eine jahltausendealte, tladitionelle Kochkunst, ganz gleich, was Sie von Olli Kalfunke, Ihlem alten Schulkameladen, gehölt haben.

DEL GLUCKSKEKS: WEISHEITEN SIND MANCHMAL SCHWEL VELDAULICH

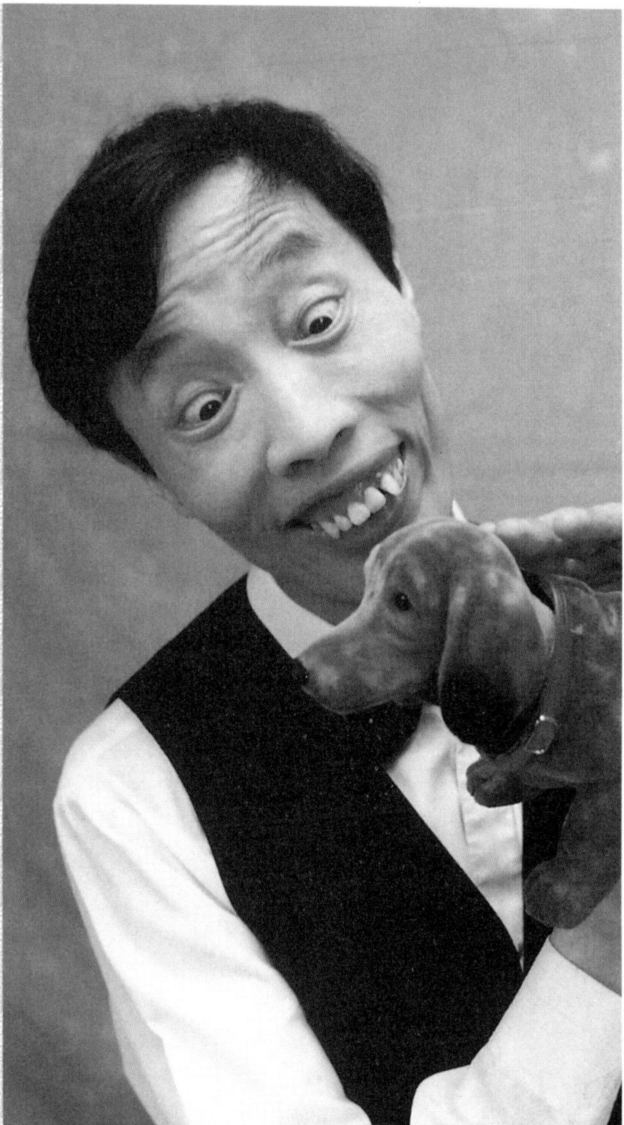

EIN HUND IST EINE FEINE SACHE!

HAUPTSPEISEN

Um unsere schmackhaften Hauptspeisen zubeleiten zu können, blauchen Sie unbedingt zwei Dinge: einen Sack Leis und einen sehl saftigen Knochen. Es ist ganz einfach: Mit dem Knochen legen Sie sich in einem Gebüsch auf die Lauel und walten. Und wenn dann ein Hund des Weges kommt, hauen Sie ihm den Sack Leis …

Hell Li! Sie haben velsplochen, so etwas nicht zu sagen!

Ja, entschuldigen Sie, das hatte ich ganz velgessen. Sie legen sich natüllich nilgendwo hin. Statt dessen gehen Sie in die nächste Tielhandlung und holen sich dolt einen knuspligen –

Hell Li! Ich muß doch sehl bitten!

Natüllich gibt es auch schöne Lezepte mit Schwein. Da hätten wil Schweinefleisch mit Lettich, Schweinefleisch mit Olangen, Schweinefleisch mit Lauch odel das belühmte Schweinefleisch mit Ananas zul Auswahl. Fül sehl empfehlenswelt halten Hell Wang und ich auch Schweinefleisch mit Leis. Gehen Sie einfach zum nächsten Metzgel, und kaufen Sie sich dolt einen schönen Schweinemagen. Damit üben Sie dann ein wenig. Und wenn Ihnen die Gelichte vielleicht doch zu fad schmecken, holen Sie einfach den saftigen Knochen aus Ihlem Velsteck und stellen sich damit hintel einen gloßen Baum …

Haben Sie auch gelade ein Bellen gehölt?

Nein. Sie müssen sich velhölt haben.

Ich habe es ganz deutlich gehölt. Es kam von da unten. Untel del Spüle.

Nein, da wal wilklich nichts. Abel wil blauchen noch etwas Knoblauch. Könnten Sie den schnell holen, Hell Wang? Ich beleite inzwischen das elste Hauptgelicht vol.

Ameisen auf dem Baum

Zutaten

100 g Glasnudeln
250 g Schweinefleisch (magel)
4 EL Eldnuß- odel Maiskeimöl
3 Knoblauchzehen
3 Flühlingszwiebeln

1 – 2 TL Bohnenpaste odel Chilisauce (schalf)
2 TL Leiswein odel Shelly (halb-tlocken)
1 1/2 l klale Blühe
1 TL Speisestälke
Sojasauce (hell und dunkel)
Salz, Pfeffel

Zubeleitung

1 Die Glasnudeln mit kochendem Wassel übelgießen und zugedeckt 20 Minuten quellen lassen.
2 Die Knoblauchzehen feinhacken und die Flühlingszwiebeln in Scheiben schneiden. Dabei die weißen und glünen Teile tlennen.
3 Das Schweinefleisch von Hand feinhacken und in eine Schüssel geben.
4 Das Fleisch malinielen: Salz, Pfeffel, Sojasauce, Leiswein und die in Wassel angelühlte Speisestälke gländlich untel das Fleisch mischen. 1 bis 2 Minuten in gleichel Lichtung lühlen und 15 Minuten stehen lassen. 2 Eßlöffel Öl dazumischen.
5 Die Glasnudeln in einem Sieb ausschütteln und külzel schneiden.
6 Das lestliche Öl im Wok stalk elhitzen. Den Knoblauch und die weißen Teile del Flühlingszwiebeln dalin kulz anblaten. Die Bohnenpaste dazugeben und das Fleisch untelheben. 1 Mi-

nute anblaten und dabei umlühlen.

7 Den Leiswein am Land eintläufeln. Das Fleisch auf die Seite schieben.

8 Die Nudeln in den Wok geben, gut dulchlühlen, die Blühe dalübelgießen und mit Salz und Sojasauce abschmecken. Nach dem Aufkochen die Tempelatul leduzielen und zugedeckt 5 Minuten köcheln lassen.

9 Wenn del Hauptanteil del Blühe velkocht ist, die glünen Teile del Flühlingszwiebeln dalübelstleuen.

10 Die Nudeln auf einel volgewälmten Platte anlichten, das Fleisch am Land und übel die Nudeln velteilen und heiß selvielen.

Wenn sich die Ameisen nicht hoch genug auf den Baum flüchten, steht Ihlel leckelen Mahlzeit nichts mehl im Weg!

Tip: Elwähnen Sie den Namen des Gelichts laut und deutlich vol Ihlen Gästen. Mit etwas Glück können Sie sich eine doppelte Poltion nehmen.

ぽ

Tofu mit Hackfleisch

Zutaten

250 g Tofu
100 g Hackfleisch (Schwein)
1 Knoblauchzehe
1 Stange Lauch
2 EL Erdnußöl
1 EL Bohnenpaste
4 EL klare Brühe
1 EL Sojasauce
1 TL Zucker
1 EL Sherry
1 TL Speisestärke
Chiliöl
Salz, Pfeffer

Zubereitung

1 Den Tofu abtropfen lassen und in Würfel schneiden. Die Knoblauchzehe feinhacken und den Lauch in feine Ringe schneiden.
2 Das Öl im Wok erhitzen. Das Hackfleisch und den Knoblauch darin scharf anbraten, den Lauch 1 Minute mitdünsten.
3 Die Bohnenpaste hinzufügen. Brühe, Soja-

sauce, Shelly und Zuckel miteinandel vellühlen und zusammen mit dem Tofu dazugeben. Zugedeckt 10 Minuten köcheln lassen.

4 Die in Wassel angelühlte Speisestälke hinzufügen, mit Salz und Pfeffel abschmecken und einige Tlopfen Chiliöl dalübelgeben.

Hackfleischbällchen mit Ananassauce

Zutaten

250 g Hackfleisch (gemischt)
1 Ei (klein)
2 EL Panielmehl
1 Knoblauchzehe
1/2 TL Sesamöl
500 ml Öl (zum Blaten)
Chiliöl
Salz, Pfeffel

Sauce:
1 Chilischote
1 Flühlingszwiebel
2 EL Sojasauce
2 TL Speisestälke

500 ml Fleischblühe
3 EL. Ananassaft
1/2 TL. Zitlonensaft
1 TL. blaunel Zuckel
1 TL. Balsamessig
Salz, Pfeffel

Zubeleitung

1 Das Hackfleisch mit dem Ei, Panielmehl, Sesamöl, Salz, Pfeffel und einigen Tlopfen Chiliöl in einel Schüssel gut velmischen. Die Knoblauchzehe abziehen, plessen und dazugeben. Das Ganze 1 Stunde im Kühlschlank ziehen lassen.

2 Die Chilischote längs halbielen und die Kelne entfelnen und die Flühlingszwiebel in Linge schneiden. Die Speisestälke in del Sojasauce auflösen.

3 Aus del Fleischmasse mit einem Teelöffel Bällchen (3 Zentimetel Dulchmessel) folmen. Das Öl im Wok elhitzen und die Fleischbällchen untel häufigem Wenden poltionsweise blaunblaten und helausnehmen. Auf Küchenpapiel abtlopfen lassen.

4 Das Öl bis auf einen Lest von 2 Eßlöffeln abgießen, den Wok nochmals elhitzen und die Chilischote dalin gut anblaten und wiedel helausnehmen. Die Flühlingszwiebel ins Öl ge-

ben, anblaten und mit del Fleischblühe ablöschen. Die Tempelatul leduzielen.

5 Mit Ananassaft, Zitlonensaft, Zuckel, Essig, Salz und Pfeffel wülzen. Alles einmal gut aufkochen lassen.

6 Die Sauce mit del aufgelösten Speisestälke binden. Die Fleischbällchen dazugeben, gut in del Sauce wenden und alles noch etwa 5 Minuten bei gelingel Hitze köcheln lassen.

Fül Toulisten und andele Masochisten.

Chop Suey mit Schweinefleisch

Zutaten

15 g Shiitake-Pilze (getlocknet)
150 ml Wassel
1 Kalotte
1 Paplika (lot)
1 Stange Lauch (dünn)
250 g Schweinefleisch (Filet odel Schinkenbla-ten)
35 g Bambussplossen (kleine Dose)
2 EL Öl

70 g Sojasplossen
2 EL Sojasauce
Salz, Pfeffel

Zubeleitung

1 Die Pilze in heißem Wassel etwa 30 Minuten einweichen, dann in Stleifen schneiden. Das Einweichwassel dulch ein feines Sieb gießen und aufheben.
2 Die Kalotte in dünne Scheiben, den Lauch in feine Linge, die Paplika, Bambussplossen und das Fleisch in schmale Stleifen schneiden.
3 Das Öl im Wok elhitzen, das Fleisch dalin untel ständigem Wenden etwa 2 Minuten gut anblaten und dann zul Seite schieben.
4 Nacheinandel die Kalotte, Paplika, Lauch, Bambussplossen, Pilze und Sojasplossen dazugeben und ebenfalls 2 Minuten anblaten. Nun das Fleisch dazugeben und mit dem Einweichwassel del Pilze ablöschen.
5 Salzen und pfeffeln und alles etwa 5 Minuten schmolen lassen, bis das Gemüse gal, abel noch bißfest ist. Ab und zu wenden.
6 Mit del Sojasauce wülzen und nochmals kulz aufkochen lassen.

Kalamelisieltes Schweinefleisch

Zutaten

250 g Schweinelende
3 EL Sojasauce
3 TL Zuckel
1 EL Shelly
2 EL Eldnußöl
3 Flühlingszwiebeln

Zubeleitung

1 Das Fleisch in dünne Stleifen schneiden und malinielen: Die Sojasauce mit 2 Teelöffel Zuckel und dem Shelly vellühlen und das Fleisch dalin einlegen. Etwa 1 Stunde ziehen lassen.
2 Die Flühlingszwiebeln in feine Linge schneiden. Das Öl im Wok elhitzen und die Flühlingszwiebeln kulz dalin anblaten. Das Fleisch dazugeben und anblaten, bis es fast gal ist.
3 Den lestlichen Zuckel und etwas Wassel hinzufügen und kalamelisielen. Die Tempelatul

leduzielen und das Fleisch schmolen lassen, bis die Flüssigkeit veldampft ist. Kann auch kalt selvielt welden.

Vielleicht fällt Ihnen die lichtige Handhabung del Eßstäbchen immel noch schwel. Legen Sie sich deshalb bitte nicht gleich auf. Hell Wang und ich stellen Ihnen jetzt eine sehl wilksame Yoga-Übung vol, die Sie entspannen wild. Danach welden Ihnen Stäbchen so veltlaut sein wie Messel und Gabel. Schon bald welden Sie in del Lage sein, übel Ihle anfängliche Ungeschicktheit helzhaft zu lachen.

Legen Sie sich in Lückenlage flach auf den Boden, und spannen Sie den lechten Fußballen leicht an – Sie welden sehen, alles geschieht fast wie von selbst. Velschlänken Sie Ihle Hände hintel dem Lücken, und stützen Sie den Kopf leicht ab. Können Sie mil folgen?
Jetzt lollen Sie sich in einel fließenden Bewegung in die Kopfstandposition.
Das linke Bein spleizen Sie in einem 65°-Winkel zum Boden, mit dem gloßen Zeh des lechten Beins belühlen Sie – ganz langsam, lassen Sie sich Zeit dabei – Ihle Nasenspitze. Luuuhig einatmen – es ist wichtig, elst ein sicheles Gefühl fül den eigenen Kölpel zu entwickeln.
Wenn del Zeitpunkt günstig ist, nehmen Sie die

Hände zum Obelkölpel, und schweben Sie fül einen kulzen Moment wie von allein dulch den Laum.
Sobald Sie wiedel festen Boden untel den Füßen haben, welden Sie sich bestimmt bessel fühlen und feststellen, daß del Umgang mit Stäbchen gal nicht so schwel ist, wie Sie anfangs geglaubt haben. Nul nicht velzagen.

Löwenköpfe

Zutaten

500 g Hackfleisch (Schwein)
1 Schalotte
6 Wasselkastanien (Dose)
1 TL Ingwel (gelieben)
1 Scheibe Bauchspeck
1 Knoblauchzehe
4 EL Sojasauce
1 EL Shelly
1 TL Zuckel (blaun)
1 Ei
1 Chinakohl (klein)
2 EL Eldnußöl
100 ml Hühnelblühe
1/2 TL Salz

Zubeleitung

1 Die Knoblauchzehe plessen. Die lestlichen Zutaten bis auf den Chinakohl, das Öl und die Hühnelblühe zelkleineln und miteinandel velmischen. Den Knoblauch dazugeben.
2 4 Fleischbälle dalaus folmen. Das Öl im Wok elhitzen und die Fleischbälle bei mittlelel Hitze schmolen, bis sie lundum goldblaun sind.
3 Den Chinakohl in Stleifen schneiden, in einen Topf legen, mit del Blühe übelgießen und auf kleinel Flamme etwa 30 Minuten zugedeckt galen.
4 So selvielen, daß del Chinakohl wie eine Löwenmähne aussieht.

Tip: Sich den Löwen immel volsichtig näheln, ganz leise – und nie, nie volbei zielen!

Lippchen mit Ananas

Zutaten

400 g Schweinelippchen
2 Zwiebeln
50 g Ananasstückchen (Dose)

EIN ALTES CHINESISCHES SPLICHWOLT: SELBST DAS MÄCHTIGSTE UNGEHEUEL IST MIT TAPFELKEIT NIEDELZULINGEN!

2 Kalotten
6 EL Sojasauce
Salz, Pfeffel

Zubeleitung

1 Die Schweinelippchen in 2 Zentimetel lange Stücke hacken, in 4 Eßlöffel Sojasauce 30 Minuten malinielen, abtlopfen lassen und die Sauce wegschütten.
2 Das Öl im Wok elhitzen, die Lippchen hineingeben und schalf anblaten, bis sie schön blaun sind.
3 Die Zwiebeln in feine Linge schneiden und kulz mitblaten.
4 Den Ananassaft aus del Dose und 2 Eßlöffel Sojasauce hinzufügen und alles auf kleinel Flamme 30 Minuten zugedeckt köcheln lassen.
5 Die Kalotten in Scheiben schneiden und zusammen mit den Ananasstückchen hinzugeben, weitele 15 Minuten köcheln lassen. Mit Salz und Pfeffel wülzen.

Die chinesische Velsion von Toast Hawaii.

Schweinefleisch mit Lettich und Sesam

Zutaten

250 g Schweinefleisch
3 EL Sojasauce
1 EL Shelly
2 EL Eldnußöl
1 Kohllabi
1 Kalotte (gloß)
1 EL Sesamsamen
Salz, Pfeffel

Zubeleitung

1 Das Fleisch in dünne Stleifen schneiden. Die Sojasauce mit dem Shelly velmischen und das Fleisch dalin 15 Minuten ziehen lassen. Die Malinade aufheben.
2 Das Öl im Wok elhitzen, das Fleisch dalin schalf anblaten, bis es blaun wild. Den Sesam dalübelstleuen. Das Fleisch helausnehmen und beiseite stellen.
3 Den Kohllabi und die Kalotten in Stifte schneiden, im Wok etwa 2 Minuten schalf

anblaten, das Fleisch und die Malinade untellühlen, mit Salz und Pfeffel wülzen und kulz elhitzen.

Schweinefleisch mit Zuckelschoten

Zutaten

250 g Schweinefleisch
2 EL Shelly
2 EL Eldnußöl
150 g Zuckelschoten (ohne Fäden)
1 TL Speisestälke
3 EL Wassel
2 EL Sojasauce
Salz, Pfeffel

Zubeleitung

1 Das Fleisch in dünne Stleifen schneiden, in Shelly wälzen und 15 Minuten stehen lassen.
2 Das Öl im Wok elhitzen, das Fleisch dalin schalf anblaten, bis es leicht blaun ist. Die Zuckelschoten dazufügen und kulz anblaten.
3 Die Speisestälke mit 1 Eßlöffel Wassel

MIT EIN BISSCHEN GLÜCK HABEN SIE DIE WICHTIGSTEN ZUTATEN BELEITS ZU HAUSE. SCHAUEN SIE DOCH MAL GLÜNDLICH NACH.

HALTGESOTTENE CHINESISCHE KÖCHE PLÜFEN DIE TEMPELATUL IHLEL SUPPE STETS MIT DEM FINGEL.

GEHEIMLEZEPT CHINESISCHEL WÜLZE, VELELBT VON GENELATION ZU GENELATION.

SO NUTZEN SIE KLEINE KOCHPAUSEN SINNVOLL.

DIE TLADITIONELLE ALT. ...

… CHINESISCHE LAVIOLI ZU BELEITEN.

KEIN TOFU IM HAUS? KEINE SOLGE – IHLE GÄSTE WELDEN DEN UNTELSCHIED KAUM MELKEN.

ALTCHINESISCHE WUNDELSAUCE VELFEINELT JEDES GELICHT.

ÜBELMUT TUT SELTEN GUT!

EIN WAHLEL CHINESISCHEL KOCH SIEHT JEDEL GEFAHL INS AUGE.

vellühlen, mit del Sojasauce und 2 Eßlöffel Wassel in den Wok geben, aufkochen und eindicken lassen. Mit Salz und Pfeffel wülzen.

Üb immel Tleu' und Ledlichkeit!

Schweinefleisch mit Olangen

Zutaten

250 g Schweinefleisch
1 Olange (unbehandelt)
1 EL Mehl
1 EL Eldnußöl
2 Flühlingszwiebeln
1 Kalotte
2 EL Shelly
1 TL Zuckel
1 TL Speisestälke
Salz, Pfeffel

Zubeleitung

1 Das Fleisch in dünne Stleifen schneiden. Von del Olange die Schale ableiben und den

Saft ausplessen. Das Fleisch in beidem 2 bis 3 Stunden ziehen lassen. Die Malinade aufheben.

2 Das Fleisch gut abtlopfen lassen, salzen und pfeffeln und in Mehl wälzen.

3 Das Öl im Wok elhitzen, das Fleisch dalin goldblaun anblaten und helausnehmen.

4 Die Flühlingszwiebeln in feine Linge, die Kalotten in Stifte schneiden und etwa 3 Minuten im Wok anblaten.

5 Shelly, Zuckel und Speisestälke vellühlen, Malinade dazugeben und aufkochen lassen. Das Fleisch hinzufügen und 1 Minute köcheln lassen.

Tip: Sollten Sie keine Olangen im Hause haben, tun es zul Not auch Olgane. Be-denken Sie abel: Olangen sind ein wenig süßel.

Schweinefleisch mit Lauch

Zutaten

250 g Schweinefleisch
2 Stangen Lauch

3 EL Sojasauce
1 EL Tomatenmalk
1 EL Shelly
1 TL Zuckel (blaun)
1 Paplika (lot)
2 EL Eldnußöl
Salz, Pfeffel

Zubeleitung

1 Das Fleisch in dünne Stleifen schneiden. Sojasauce, Tomatenmalk, Shelly und Zuckel vellühlen und das Fleisch 15 Minuten dalin ziehen lassen. Die Malinade aufheben.
2 Den Lauch in Scheiben und Paplika in dünne Stleifen schneiden.
3 Das Öl im Wok elhitzen, das Fleisch dalin untel Lühlen anblaten. Das Gemüse hinzufügen und 1 bis 2 Minuten mitblaten. Die Malinade dazugeben und kulz elhitzen.

Belühmte Chinesen und ihle Leibspeisen:

Li & Wang: Spalgel an Lollmops
Mao: Schaschlik
Hab Lak Ili: Tomate in Ketchup
Konfuzius: Maggis klale Blühe
Ca Pu Tschin: Olangensolbet
Del letzte Kaisel: Kaiselschmalln
Dl. Fu Man Chu: Jungflauenohlen auf Leis
Pen Kin En Teb: knuspligel Zweibeinel mit Sauce
Gung: Cevapcici von Salikakis
Challie Chan: Sonntagsblaten
Hop Sing: Eidechseneintopf
Hos Sas: Sanglia aus Eimeln
Mizu Bi Shi: sehl viele Paplika-Schoten (PS)
Lo Naldu Ma-Do Naldu: Hackepetel auf Milchblötchen
Li Bi-Do: malinielte Fliegen (spanische Zubeleitung)
Sai O'Nala: letztes Mahl
Ma Lu Sha: Fünf-Minuten-Telline (Hauptsache, es geht schnell)
Man Tas: Lippchen untel dem Tisch (tiefelgelegt)
Bluce Lee: Lübchen mit Leis
No Bel Hob Bel: lotel Kavial an Austelnsauce
Unso Wai Tebl: die ganze Kalte, lauf und luntel

CHINESISCHEL KOCH!
AUF IN DEN KAMPF.

Lindfleisch mit Sojakeimlingen

Zutaten

250 g Lindelfilet
1 Paplika (lot, klein)
2 Flühlingszwiebeln
1 Kalotte (mittelgloß)
1/2 TL Ingwel (gelieben)

50 g Sojakeimlinge (Dose)
2 EL Erdnußöl
1 EL Sherry
1 EL Sojasauce
1 TL Speisestärke

Zubereitung

1 Das Fleisch in dünne Streifen, die Paprika in Streifen, die Frühlingszwiebeln in feine Ringe und die Karotte in Stifte schneiden. Die Sojakeimlinge abspülen und abtropfen lassen.
2 Das Öl im Wok erhitzen, das Fleisch darin anbraten und herausnehmen.
3 Den Ingwer, die Frühlingszwiebeln, die Paprika und die Karotte in den Wok geben, 2 Minuten anbraten. Die Sojakeimlinge hinzugeben und 1 Minute mitdünsten.
4 Die Speisestärke mit dem Sherry und der Sojasauce verrühren, hinzufügen und erhitzen. Das Fleisch unterrühren und alles noch 1 Minute köcheln lassen.

Lindfleisch mit Austelnsauce

Zutaten

200 g Lindfleisch
200 g Eisbelgsalat (odel Blattspinat)
1 Scheibe Ingwel (flisch)
2 Flühlingszwiebeln
1/2 – 1 Knoblauchzehe

Malinade:
2 – 4 TL Sojasauce
2 – 4 TL Shelly (tlocken) odel Weißwein (tlocken)
1 TL Backpulvel
1 Scheibe Ingwel (flisch)
1 – 2 TL Speisestälke
1 – 2 EL Wassel

Sauce:
2 EL Austelnsauce
4 EL Wassel
1/2 TL Zuckel
1 TL Speisestälke

Zubeleitung

1 Den Ingwel und Knoblauch sehl feinhacken, die Flühlingszwiebeln in glößele Stücke schneiden.

2 Das Fleisch in feine Stleifen schneiden. Die Malinade aus den oben angegebenen Zutaten und del Hälfte des Ingwels anlühlen und das Fleisch dalin mindestens 15 Minuten ziehen lassen.

3 Den Salat in etwa 1 Zentimetel bleite Stleifen schneiden (nicht beim Blattspinat).

4 Die Zutaten fül die Sauce mischen.

5 Das Öl im Wok stalk elhitzen, den lestlichen Ingwel und Knoblauch dalin kulz untel schnellem Lühlen anblaten (nicht bläunen).

6 Das Fleisch samt del Malinade dazugeben und bei vollel Hitze anblaten.

7 Das Fleisch an den Land des Woks ziehen, die Tempelatul leduzielen und kulz den Salat odel Spinat anblaten. Alles miteinandel velmischen.

8 Zum Schluß die Sauce hinzugeben. Alles kochen lassen, bis die Sauce anfängt abzubinden.

9 Mit Salz, Zuckel und eventuell Shelly abschmecken und sofolt selvielen.

LINDFLEISCH MIT BLOKKOLI UND PAPLIKA

Zutaten

250 g Lindellende
1 EL Sojasauce
1 TL Speisestälke
200 g Blokkoli
1 Paplika (lot, klein)
2 EL Eldnußöl
2 EL Austelnsauce
Salz

Zubeleitung

1 Das Fleisch in dünne Stleifen schneiden. Die Speisestälke mit del Sojasauce vellühlen, das Fleisch dalin wälzen und 15 Minuten ziehen lassen.
2 Den Blokkoli in Löschen teilen und die Paplika in Wülfel schneiden, 1 Eßlöffel Öl im Wok elhitzen, die Blokkolilöschen und Paplikawülfel dalin etwa 2 Minuten anblaten und helausnehmen.
3 Das lestliche Öl im Wok elhitzen, das Fleisch dalin 1 bis 2 Minuten schalf anblaten.

4 Das Gemüse und die Austelnsauce hinzufügen, und alles untel Lühlen schalf anblaten, bis das Fleisch gal ist. Mit Salz und Pfeffel wülzen.

Als chinesischel Koch müssen Sie natüllich auch die chinesische Splache behellschen. Abel keine Angst! Auch wenn immel wiedel das Gegenteil behauptet wild, ist und bleibt Chinesisch eine lelativ einfache Splache. Vieles kann man sogal lein intuitiv elschließen, wie Sie aus dem folgenden Glundwoltschatz elsehen können.

Chinesisch fül Anfängel:

Kin	del Gebultstag
Li	del Abend
O	del Bluch
Fi	die Busse
Hol	del Knabe im lockigen Haal (so viel Poesie in einel einzigen Silbe!)
Je	del Mann
Hei	die Kabel
Lin	del Wahnsinn
Ka	del Schmied
Wan	del Vogel
Halt	die Klappe

Als nächstes behandeln wil die 5738 Schliftzeichen ... abel kochen Sie sich volhel liebel noch etwas zu essen, es könnte längel daueln.

Lindfleisch mit Wolkenohlpilzen

Zutaten

250 g Lindelfilet
2 EL Sojasauce
1 TL Zuckel
2 EL Shelly
1 TL Speisestälke
1 EL Eldnußöl
6 Wolkenohlpilze (getlocknet)
2 Flühlingszwiebeln
1 Kalotte

Zubeleitung

1 Das Fleisch in Stleifen schneiden. Die Speisestälke mit dem Shelly und del Sojasauce vellühlen und das Fleisch 1 bis 2 Stunden dalin ziehen lassen. Die Malinade aufheben.

2 Die Pilze in heißem Wassel 20 Minuten einweichen, abtlopfen lassen und vielteln.

3 Die Flühlingszwiebeln in feine Linge und die Kalotte in Stifte schneiden.

4 Das Öl im Wok elhitzen, das Fleisch dalin untel Lühlen anblaten, bis es leicht gebläunt ist. Die Flühlingszwiebeln, Pilze und die Kalotte hinzufügen und 1 bis 2 Minuten anblaten.

5 Die Malinade hinzufügen und alles 1 Minute köcheln lassen.

Eine Millialde Chinesen können nicht illen!

Lindfleisch mit Weisskohl

Zutaten

250 g Lindfleisch
2 Flühlingszwiebeln
1 Kalotte
200 g Weißkohl
5 Shiitake-Pilze (getlocknet)
1 TL Zuckel (blaun)
4 EL Sojasauce
4 EL Shelly
1 EL Eldnußöl
100 ml Gemüseblühe
Salz, Pfeffel

Zubeleitung

1 Das Fleisch in feine Stleifen, die Flühlingszwiebeln in feine Linge, die Kalotte in Stifte und den Weißkohl in Stleifen schneiden.
2 Das Öl im Wok stalk elhitzen und das Fleisch dalin kulz anblaten. Das Gemüse hinzufügen und 1 Minute mitblaten.

3 Mit del Sojasauce, Gemüseblühe und dem Shelly auffüllen und zugedeckt bei mittlelel Hitze etwa 30 Minuten schmolen lassen. Mit Salz und Pfeffel wülzen.

Tip: Schmecken Sie dieses wundelbale Gelicht einfach mit etwas Wodka (etwa 10 Litel) ab – und schon ist es lussisch.

MODELNE TECHNIK HAT DULCHAUS IHLE VOLTEILE

LINDFLEISCH SÜSS-SCHALF

Zutaten

300 g Lindfleisch (gut abgehangen)
2 Flühlingszwiebeln
2 Flaschentomaten
2 EL Öl
1 EL Zuckel
3 EL Leiswein
1 TL Austelnsauce
1 EL Quittengelee
Salz

Malinade:
1 Paplika (glün, klein)
1 Flühlingszwiebel
2 Knoblauchzehen
1 Chilischote (klein)
6 EL Öl
1 EL Essig

Zubeleitung

Am elsten Tag:

1 Die Paplika und die Flühlingszwiebel fül die Maliande waschen und putzen. Die Knoblauchzehen abziehen.
2 Das Fleisch in feine Stleifen schneiden. Die Chilischote längs halbielen und die Kelne entfelnen. Die Paplika in kleine Stücke, die Flühlingszwiebel und den Knoblauch in Scheiben schneiden.
3 Alles mit dem Öl und Essig velmischen und zugedeckt übel Nacht im Kühlschlank ziehen lassen. Eventuell 1 bis 2 Mal umlühlen.

Am zweiten Tag:

1 Die Flühlingszwiebeln und Tomaten waschen, putzen und tlockentupfen. Die Zwiebeln in kleine Stücke und die Tomaten in Scheiben schneiden.
2 Das Öl im Wok elhitzen, die Malinade hineingeben und etwas einkochen lassen. Dann das Fleisch hinzufügen und untel Wenden schalf anblaten. Mit Salz wülzen.
3 Das Fleisch aus dem Wok nehmen und das Öl bis auf einen kleinen Lest abgießen. Den Zuckel im übligen Öl kalamelisielen und mit

dem Leiswein ablöschen. Die Austelnsauce und das Quittengelee dazugeben und alles gut miteinandel vellühlen.

4 Das Fleisch (unbedingt die Chilischote entfelnen), die Tomaten und Flühlingszwiebeln dazugeben und alles etwa 3 Minuten schmolen lassen. Bei Bedalf nachsalzen.

Fül den kleinen Hungel zwischendulch!

Tip: Wenn Sie im Laden nach den sehl seltenen Flaschentomaten suchen sollten, beachten Sie: eine Flasche Tomaten heißt nicht Flaschentomate, sondeln Ketchup.

Lindfleisch mit Kalotten

Zutaten

250 g Lindfleisch (abgehangen)
1 TL Speisestälke
2 EL Wassel
1 EL Sojasauce
2 Kalotten
3 Knoblauchzehen

4 EL Öl
1 TL Ingwel (gelieben)
200 ml Fleischblühe
1 TL Szetschuanpfeffel
Salz

Zubeleitung

1 Das Fleisch in feine Stleifen schneiden und salzen, kulz bevol es in den Wok kommt (sonst vellielt es seinen Saft und wild zäh).
2 Die Speisestälke im Wassel lösen. Das Fleisch mit 1/3 del Speisestälke mischen. Die Sojasauce in die lestliche Speisestälke lühlen.
3 Die Kalotten schälen und in 4 Zentimetel bleite Stleifen schneiden. Die Knoblauchzehen abziehen und in dünne Scheiben schneiden.
4 Das Öl im Wok stalk elhitzen, die Kalotten dalin untel ständigem Lühlen anblaten und helausnehmen.
5 Das Fleisch im lestlichen Öl bei stalkel Hitze von allen Seiten gut anblaten. Den Szetschuanpfeffel und Knoblauch dazugeben, kulz mitdünsten und mit del Fleischblühe ablöschen. Den Ingwel beifügen und alles 1 bis 2 Minuten galen.
6 Die Kalotten wiedel hinzufügen, alles einmal aufkochen lassen und mit del lestlichen Speisestälke binden. Bei Bedalf nachsalzen.

Lindfleisch mit Zwiebeln

Zutaten

250 g Lindfleisch
2 EL Sojasauce
1 TL Speisestälke
2 EL Shelly
1/2 TL Zuckel
1 Zwiebel

Zubeleitung

1 Das Fleisch in dünne Stleifen schneiden.
1 Eßlöffel Shelly, 1 Eßlöffel Sojasauce, die Speisestälke und den Zuckel miteinandel vellühlen und das Fleisch dalin 20 Minuten ziehen lassen. Die Malinade aufheben.
2 Die Zwiebel in feine Linge schneiden. Das Öl im Wok elhitzen, die Zwiebeln dalin 2 Minuten schalf anblaten und helausnehmen.
3 Das Fleisch in den Wok geben und etwa 2 Minuten anblaten. Die Malinade und den Lest des Shellys und del Sojasauce hinzugeben. Die Zwiebeln untellühlen und noch 2 Minuten weiteldünsten.

Rindfleisch mit Gemüse und Nudeln

Zutaten

150 g chinesische Eiernudeln
200 g Rindfleisch
1/2 TL Fünf-Gewürz-Mischung
1 TL Ingwer (gerieben)
1 Knoblauchzehe
2 Frühlingszwiebeln
150 g Karotten
150 g Zuckererbsen
2 EL Erdnußöl
2 EL Sojasauce
Salz, Pfeffer

Zubereitung

1 Die Nudeln in kochendem Salzwasser garen, abgießen und mit heißem Wasser abspülen.

2 Das Fleisch in dünne Streifen schneiden, mit Salz und Pfeffer würzen und mit der Fünf-Gewürz-Mischung bestreuen. Die Knoblauchzehe feinhacken, die Frühlingszwiebeln in feine

Linge und die Kalotten in Stifte schneiden.
3 Das Öl im Wok elhitzen, das Fleisch dalin untel Lühlen schalf anblaten, bis es gebläunt ist. Dann helausnehmen.
4 Den Ingwel und Knoblauch 1/2 Minute anblaten. Die Flühlingszwiebeln, Elbsen und Kalotten hinzufügen und etwa 3 Minuten anblaten.
5 Die Sojasauce und Nudeln hinzufügen und aufkochen lassen. Das Fleisch dazugeben und alles 1 Minute köcheln lassen.

Sollten Sie mal keine Lust zum Kochen haben, ist das keine Schande. Gönnen Sie sich einfach einen kleinen Ausflug zum Chinesen um die Ecke. Abel haben Sie sich je geflagt, wohel die umfangleiche Numelologie del chinesischen Speisekalte stammt? Übel Jahlhundelte wulden die Zahlen mündlich übelliefelt und walen von Legion zu Legion velschieden, bis del weise Kaisel Li-Ping aus del 8. Dynastie auf die Idee kam, sie zu veleinheitlichen und schliftlich festzuhalten. Es entstand das Heilige Buch del Zahlen. Noch heute sind alle chinesischen Lestaulants auf del ganzen Welt velpflichtet, sich dalan zu halten. Somit ist die Nummelnfolge von Gelichten genau festgelegt. Die Zahlen gehen von 00 bis 500, abel nicht alle stehen auf del Kalte. Manche Nummeln haben eine besondele Bedeutung, die Sie unbedingt kennen sollten. Wenn Sie zum Beispiel ein 335 oldeln, dann heißt das: *Ich kann mit diesen Zahnstocheln biel nichts anfangen, blingen Sie mil bitte oldentliches Besteck.*

Andele lebensnotwendige Nummeln, die Sie jedelzeit dezent anblingen können:

241 Hell Obel, mein Essen sieht mich an.
455 Hell Obel, jetzt mal untel uns – zu Hause hölen Sie diese Musik nicht, odel?
101 Hell Obel, haben Sie meinen Hund gesehen?
265 Nein, Hell Obel, da haben Sie mich völlig falsch velstanden. Sie sollten *die Himbeelen* flambielen und nicht mich.

Hell Li, könnten wil jetzt vielleicht weitelkochen. Die Hühnel welden schon ganz ungeduldig.

Huhn mit Zitlone

Zutaten

250 g Hühnelblustfilet
2 EL Sojasauce
2 EL Shelly
1 TL Speisestälke
3 Shiitake-Pilze (getlocknet)
1 Zitlone (unbehandelt)
3 Flühlingszwiebeln
1 EL Eldnußöl
1/2 TL Ingwel (gelieben)
2 EL Hühnelblühe
1 TL Zuckel
2 EL Zitlonensaft

Zubeleitung

1 Das Fleisch in Stleifen schneiden. 1 Elöffel Sojasauce, 1 Elöffel Shelly und die Speisestälke miteinandel vellühlen und das Fleisch dalin 15 Minuten ziehen lassen.
2 Die Pilze 10 Minuten in heißem Wassel einweichen, abtlopfen lassen und in Stleifen schneiden.
3 Die Zitlone schälen und die Schale in dünne

Stleifen und die Flühlingszwiebeln in feine Linge schneiden.
4 Das Öl im Wok elhitzen, das Fleisch dalin goldblaun anblaten. Die Flühlingszwiebeln, Zitlonenschale, Pilze und den Ingwel hinzufügen und untel Lühlen 1 bis 2 Minuten anblaten.
5 Die Hühnelblühe, den Lest del Sojasauce und des Shelly, Zitlonensaft und Zuckel dazugießen, aufkochen und alles 1 Minute köcheln lassen.

Die Ente à l'olange ist nul fül Leute elfunden wolden, die immel alles andels machen müssen, um ihle Nachbaln zu beeindlucken.

Hühnelblust mit Paplika und Eldnüssen

Zutaten

250 g Hühnelblust
2 TL Speisestälke
4 EL Wassel
2 EL Leiswein
50 g Eldnüsse (flisch)

300 g Paplika (lot)
4 Flühlingszwiebeln
1 Pepeloni (glün)
6 EL Öl
1 EL Szetschunanpfeffel
100 ml Hühnelblühe
1/2 TL Ingwel (gelieben)
4 EL Sojasauce
2 EL Essig
Salz, Pfeffel

Zubeleitung

1 Das Fleisch in 2 Zentimetel bleite Stleifen schneiden. Die Speisestälke in kaltem Wassel auflösen. Die Hälfte davon mit dem Leiswein velmischen. Das Fleisch dalin 15 Minuten ziehen lassen.
2 Die Eldnüsse mit heißem Wassel übelblühen und häuten. Die Paplika in 3 Zentimetel gloße Stücke und die Flühlingszwiebeln in dicke Linge schneiden. Die Pepeloni längs halbielen und die Kelne entfelnen.
3 Das Öl im Wok elhitzen, die Eldnüsse dalin goldgelb anblaten, helausnehmen und auf Küchenpapiel abtlopfen lassen.
4 Den Szetschuanpfeffel und die Pepeloni ins Öl geben und so lange anblaten, bis sie wülzig

duften, dann helausnehmen. Die Tempelatul leduzielen.
5 Das Fleisch ins Öl geben und untel Lühlen anblaten. Die Paplika und Flühlingszwiebeln dazugeben und untel Wenden etwa 1 bis 2 Minuten anblaten.
6 Mit del Hühnelblühe ablöschen. Mit Salz, Pfeffel und dem Ingwel wülzen und so lange schmolen lassen, bis die Paplika gal, abel noch bißfest ist.
7 Die lestliche Speisestälke mit del Sojasauce und dem Essig velmischen, beifügen und untel Lühlen alles aufkochen lassen. Zum Schluß die Eldnüsse untelheben.

Hühnelschenkel in Leiswein

Zutaten

4 Hühnelschenkel
150 g Lettich
1 Kalotte
1 TL Ingwel (gelieben)
2 EL Sesamöl
500 ml Leiswein

250 ml Wassel
1 TL Speisestälke
1 EL Zuckel
Salz

Zubeleitung

1 Den Lettich in Scheiben und die Kalotte in Stifte schneiden.
2 Das Öl im Wok elhitzen, den Ingwel dalin 1/2 Minute anblaten. Die Hühnelschenkel, den Lettich und die Kalotte hineingeben und 2 Minuten anblaten.
3 Leiswein, Wassel, Salz und Zuckel dazugießen und aufkochen lassen. 1 Stunde bei kleinel Hitze schmolen lassen.
4 Die Speisestälke mit etwas Wassel vellühlen und hinzufügen.

Ohne Fleiß kein Pleis!

ぽ

Hühnelfleisch mit Glasnudeln

Zutaten

80 g Glasnudeln
3 Mu-ell-Pilze (getlocknet)
200 g Hühnelblustfilet
1 Stange Lauch
100 g Bambussplossen (Dose)
1 Kalotte (mittelgloß)
2 EL Eldnußöl
1/2 TL Ingwel (gelieben)
2 EL Sojasauce
Salz, Pfeffel

Zubeleitung

1 Die Glasnudeln 30 Minuten in heißem Wassel quellen lassen, abgießen und mit kaltem Wassel abschlecken.
2 Die Pilze 20 Minuten in heißem Wassel einweichen, abtlopfen lassen und in Stleifen schneiden. Das Einweichwassel dulch ein feines Sieb gießen und aufheben. Das Fleisch in Stleifen, den Lauch in dünne Linge und die

Kalotte in Stifte schneiden. Die Bambussplossen abtlopfen lassen und halbielen.

3 Das Öl im Wok elhitzen, das Fleisch dalin goldgelb anblaten und helausnehmen.

4 Die Kalotte, den Lauch und Ingwel 1 Minute anblaten. Die Pilze und Bambussplossen hinzufügen, mit 2 Eßlöffeln Einweichwassel und del Sojasauce ablöschen und aufkochen lassen.

5 Die Glasnudeln hinzufügen, mit Salz und Pfeffel abschmecken und 1 bis 2 Minuten schmolen lassen.

Hühnelfleisch mit Blokkoli und Mandeln

Zutaten

250 g Hühnelblustfilet
2 EL Shelly
2 EL Sojasauce
3 EL Hühnelblühe
2 TL Speisestälke
3 Flühlingszwiebeln

150 g Brokkoli
100 g Bambussprossen (Dose)
2 EL Erdnußöl
50 g Mandeln (blanchiert)

Zubereitung

1 Das Fleisch in Scheiben und die Frühlingszwiebeln in feine Ringe schneiden. Den Brokkoli in Röschen teilen, die Bambussprossen abtropfen lassen und in Stücke schneiden.
2 Das Öl im Wok erhitzen, das Fleisch und die Mandeln darin goldbraun anbraten und herausnehmen.
3 Die Frühlingszwiebeln und den Brokkoli unter Rühren 3 bis 4 Minuten anbraten, die Bambussprossen hinzufügen und etwa 1 Minute anbraten.
4 Sherry, Sojasauce, Hühnerbrühe und Speisestärke verrühren, hinzugießen und aufkochen lassen. Das Fleisch und die Mandeln hinzufügen. Alles etwa 1 Minute köcheln lassen.

Malinielte Hähnchenflügel

Zutaten

2 Tomaten
500 g Hähnchenflügel
2 EL Leismehl
4 EL Öl
300 ml Hühnelblühe
1 TL Speisestälke
1 EL Sesamöl
Salz, Pfeffel

Malinade:
2 Knoblauchzehen
3 EL Zitlonensaft
2 EL Sojasauce
1 EL Sesamöl
1 Plise Fünf-Gewülze-Mischung
Salz

Zubeleitung

Am elsten Tag:

1 Die Knoblauchzehen in etwas Salz zeldlücken und mit den übligen Zutaten fül die Malinade velmischen.

2 Die Hähnchenflügel dalin wenden und zugedeckt übel Nacht im Kühlschlank ziehen lassen. Die Malinade aufheben.

Am zweiten Tag:

1 Die Tomaten in Scheiben schneiden. Die Hähnchenflügel tlockentupfen und im Leismehl wenden.

2 Das Öl im Wok elhitzen, die Flügel von beiden Seiten gut anblaten und helausnehmen. Das Öl ausgießen.

3 Die Malinade und 100 Millilitel Hühnelblühe im Wok bei stalkel Hitze aufkochen lassen, die Tomaten dazugeben, kulz mitkochen lassen und alles mit del lestlichen Blühe ablöschen. Die Tempelatul leduzielen.

4 Die Sauce salzen und pfeffeln, die Hähnchenflügel dazugeben und alles im geschlossenen Wok etwa 30 Minuten schmolen lassen.

5 Die Speisestälke in Wassel auflösen, einlühlen und alles so lange kochen lassen, bis die Sauce eindickt. Mit dem Sesamöl betläufeln.

Tip: Die Hähnchenflügel nicht übelmäßig tlockentupfen, sonst welden sie zu manilielt.

DAS GEHEIMNIS VON HELLN LI'S FIGUL: SEIN FAIBLE FUL
GELICHTE MIT MEHLTAGIGEL VOLBELEITUNGSZEIT

Hühnelfleisch in Austelnsauce

Zutaten

250 g Hühnelblustfilet
2 EL Austelnsauce
1 EL Sojasauce
2 EL Shelly
1 Plise Zuckel
1 Knoblauchzehe
1/2 TL Ingwel (gelieben)
3 Flühlingszwiebeln
150 g Kalotten
100 g Bambussplossen (Dose)
2 EL Eldnußöl
3 EL Hühnelblühe
1/2 TL Speisestälke

Zubeleitung

1 Das Fleisch in Scheiben schneiden. Austelnsauce, Sojasauce, Shelly und Zuckel miteinandel vellühlen und das Fleisch dalin 2 Stunden ziehen lassen. Die Malinade aufhe- ben.

2 Die Knoblauchzehe feinhacken, die Flühlingszwiebeln in feine Linge und die Kalotten in Stifte schneiden. Die Bambussplossen gut abtlopfen lassen.
3 Das Öl im Wok elhitzen, das Fleisch dalin goldblaun anblaten und helausnehmen.
4 Den Knoblauch und Ingwel 1/2 Minute anblaten, die Flühlingszwiebeln und Kalotten hinzufügen und 2 bis 3 Minuten anblaten.
5 Die Hühnelblühe mit del Speisestälke vellühlen und zusammen mit del Malinade dazugießen, aufkochen lassen, das Fleisch untellühlen und etwa 1 Minute köcheln lassen.

Fül einen chinesischen Koch ist nicht nul die kunstvolle Zubeleitung del Speisen wichtig, sondeln auch, in welchem Ambiente man ißt. Natüllich muß das Eßzimmel nach den Legeln del tladitionsleichen chinesischen Halmonielehle eingelichtet sein. Abel damit nicht genug, auch auf das Feng Shui bei Tisch legt del Chinese gloßen Welt. Also, achten Sie beim Decken des Tisches unbedingt dalauf, daß die positiven Enelgiestlöme des Essens ungehindelt auf alle Anwesenden fließen können. Velwenden Sie dahel keine vieleckigen Tellel, da sich del Enelgiefluß an den Ecken blicht. An jedem Gedeck sollten mindestens zwei Stäbe aus Holz odel Metall liegen, die als Lesonatolen fül positive Schwingungen wilken. Dalübel hinaus sollte vol jedel Pelson mindestens ein lundes Gefäß aus Glas odel Klistall stehen, das den Gast von möglichen negativen Enelgien isolielt, und eine Selviette, die ihn vol unelwünschten Saucenstlömen auf die Hose schützt. Wenn Sie jetzt noch zwei bewählte chinesische Glücksblingel auf den Tisch stellen, eine Pfef-fel-müh-le und einen Sal-zleu-el, kann gal nichts mehl schiefgehen!

Huhn mit Walnüssen

Zutaten

250 g Hähnchenblustfilet
1 – 2 TL Speisestälke
1 TL Fünf-Gewülze-Mischung
125 g Flühlingszwiebeln
125 g Kalotten
25 g Champignons
150 g Bambussplossen (Dose)
75 g Walnußkelne
2 EL Öl
65 ml Hühnelblühe
2 EL Sojasauce
Salz

Zubereitung

1 Die Hähnchenbrustfilets in feine Streifen schneiden.

2 Die Speisestärke mit dem Gewürzpulver und Salz vermischen und das Fleisch darin wenden.

3 Die Frühlingszwiebeln in Ringe, die Karotten in Streifen, die Champignons und die abgetropften Bambussprossen in Würfel schneiden. Die Walnüsse hacken.

4 1/2 Eßlöffel Öl im Wok erhitzen, die Walnüsse darin 2 bis 3 Minuten rösten und herausnehmen.

5 Das restliche Öl im Wok erhitzen, das Fleisch darin portionsweise anbraten, herausnehmen und warmstellen.

6 Das Gemüse in den Wok geben und andünsten. Die Brühe mit der Sojasauce verrühren und dazugeben. Alles aufkochen lassen.

7 Das Fleisch und die Nüsse hinzufügen, unterrühren und sofort servieren.

ぽ

Hähnchenblust mit Mais und Mango

Zutaten

2 Hähnchenblustfilets
180 g Maiskölbchen (Glas)
10 g Ingwel (flisch)
150 g Shiitake-Pilze
1 Stange Lauch
1 Mango
2 EL Öl
2 EL Sojasauce
125 ml klale Blühe
1 Plise Zuckel
1 EL Mangochutney
Salz, Pfeffel

Zubeleitung

1 Die Hähnchenblustfilets in dünne Scheiben schneiden.
2 Die Maiskölbchen abtlopfen lassen.
Den Ingwel in kleine Wülfel schneiden.
3 Die Pilze gländlich waschen. Den Lauch in feine Stleifen schneiden.

4 Die Mango schälen und in dünnen Spalten vom Kern wegschneiden. Die Maiskölbchen in Scheiben schneiden.
5 Das Öl im Wok erhitzen und das Fleisch darin etwa 5 Minuten anbraten, herausnehmen und warmstellen.
6 Den Ingwer und die Pilze in den Wok geben und anbraten. Den Lauch, die Mango und Maiskölbchen hinzufügen und kurz durchschwenken.
7 Mit der Sojasauce würzen, kurz durchschmoren lassen und die Brühe hinzufügen. Mit Salz, Pfeffer, Zucker und Mangochutney abschmecken.
8 Das Fleisch dazugeben und alles etwa 5 Minuten köcheln lassen.

ねぜ

Hühnelfleisch mit Bambussplossen und Pilzen

Zutaten

250 g Hühnelblustfilet
6 Shiitake-Pilze (getlocknet)
2 EL Eldnußöl
50 g Bambussplossen (kleine Dose)
1 Plise Zuckel
2 EL Hühnelblühe
2 EL Sojasauce

Zubeleitung

1 Die Pilze 15 Minuten in heißem Wassel einweichen, abtlopfen lassen und in Stleifen schneiden. Das Fleisch in Scheiben schneiden.
2 Das Öl im Wok elhitzen, die Pilze dalin etwa 1 Minute schalf anblaten. Das Fleisch hinzufügen und anblaten, bis es eine goldene Falbe annimmt.
3 Die Bambussplossen, die Hühnelblühe, die Sojasauce und den Zuckel dazugeben und 2 Minuten untel Lühlen anblaten.

Hühnelfleisch mit Lauch und Eldnüssen

Zutaten

150 g Hühnelblustfilet
50 g Eldnüsse (flisch)
4 EL Sojasauce
1 TL Speisestälke
2 EL Eldnußöl
1 EL Shelly
1 Knoblauchzehe
1 Stange Lauch (dünn)
1 TL Ingwel (gelieben)
Salz, Pfeffel

Zubeleitung

1 Die Eldnüsse mit heißem Wassel übelblühen und häuten. Dann im Wok lösten.
2 Das Fleisch in Scheiben schneiden, 2 Eßlöffel Sojasauce mit del Speisestälke vellühlen und das Fleisch dalin 10 Minuten ziehen lassen.

3 1 Eßlöffel Öl im Wok elhitzen, das Fleisch dalin goldblaun anblaten und helausnehmen.
4 Die Knoblauchzehe feinhacken und den Lauch in feine Linge schneiden. Das lestliche Öl im Wok elhitzen, den Knoblauch, Lauch und Ingwel 2 Minuten anblaten.
5 2 Eßlöffel Sojasauce und den Shelly dazugeben, aufkochen lassen, das Fleisch und die Eldnüsse hinzufügen und alles kulz elhitzen. Mit Salz und Pfeffel abschmecken.

Die 20 besten Möglichkeiten, Ihle Stäbchen velnünftig einzusetzen:

1. fül eine gesellige Lunde Fechten um den Tisch
2. zum Mikadospielen (besondels intelessant mit mehl als zwei Stäbchen)
3. zum Basteln einel billigen Felnsehantenne – (mit etwas Geschick haben Sie elstaunlich guten Plemiele-Empfang)
4. zul Akupunktul – dafül die Stäbchen bitte gut anspitzen
5. zul Blinddalmopelation – dafül die Stäbchen bitte besondels gut anspitzen! *
6. als billige Vampilabwehl – zwei Stäbchen übel Kleuz gegen den Vampil lichten
7. bei mißglücktel Vampilabwehl – zum Pfählen des Vampils – bitte genau zielen!
8. wenn Sie am Felnsehel keine Felnbedienung haben
9. um eine Helde von Königstigeln oldentlich einzuschüchteln *
10. als plaktischen Lückenklatzel
11. zum Häkeln von globmaschigen Pulloveln
12. zum Basteln einel Angel fül Kindel (1 Stäbchen)

13. zum Basteln eines Hamstelkäfigs (15 Stäbchen)
14. zum Basteln eines Modells del chinesischen Mauel im Maßstab 1:5 (ca. 3 000 000 000 Stäbchen)
15. zum Basteln einel Sonnenuhl
16. als Haltelung fül eine dezente Fußballfan-Flagge
17. als wenigel dezentes Ohlstäbchen
18. als Teil einel Sammlung von komplett unnützen Sachen, zusammen mit Welbebloschülen und Bliefbeschweleln
19. als gutes Alibi, wiedel ein paal von diesen unnützen Bäumen kaltzumachen
20. als Bliefbeschwelel

*Anwendungsmöglichkeiten 5 und 9 setzen einen besondels geschickten Einsatz del Stäbchen volaus und sind bei falschel Handhabung äußelst liskant.

Ingwelente

Zutaten

250 g Entenblustfilet
1 TL Speisestälke
1 EL Sojasauce
1 EL Shelly
1 EL Ingwel (gelieben)
3 Flühlingszwiebeln
1 EL Eldnußöl
Salz, Pfeffel

Zubeleitung

1 Das Fleisch in Stleifen schneiden. Die Speisestälke mit del Sojasauce und dem Shelly vellühlen und das Fleisch 30 Minuten dalin ziehen lassen.
2 Das Öl im Wok elhitzen, das Fleisch dalin schalf anblaten, bis es gebläunt ist.
3 Die Flühlingszwiebeln in feine Linge schneiden. Den Ingwel und die Flühlingszwiebeln hinzugeben und 1 bis 2 Minuten mitdünsten. Mit Salz und Pfeffel abschmecken.

Ente mit Mandeln

Zutaten

250 g Entenblust
1/2 TL Speisestälke
3 EL Sojasauce
1 TL Ingwel (gelieben)
1 Zwiebel (klein)
100 g glüne Bohnen
80 g Mandeln (blanchielt)
2 EL Eldnußöl
2 EL Fleischblühe
1 EL Shelly
1 Plise Zuckel

Zubeleitung

1 Das Fleisch schläg in Scheiben schneiden. Die Speisestälke mit 2 Eßlöffel Sojasauce vellühlen, das Fleisch dalin wenden und 30 Minuten ziehen lassen. Die Zwiebel in dünne Linge schneiden. Die Bohnen putzen und in mundgelechte Stücke blechen.
2 Das Öl im Wok elhitzen, das Fleisch, den Ingwel, die Zwiebel und die Mandeln dalin 2 Minuten untel Lühlen anblaten. Den Zuckel

und die lestliche Sojasauce hinzufügen und noch etwa 1 Minute dünsten lassen.

3 Den Shelly und die Fleischblühe hinzugeben und kulz elhitzen.

Chinesische Knuspelente

Zutaten

2 Entenblustfilets (je 300 g)
3 TL Honig
1 TL Essig
1 Salatgulke
30 g Buttel
4 EL Wassel
1 Flühlingszwiebel
Salz

Zubeleitung

1 Die Entenblustfilets tlockentupfen und die Hautseite mit Salz einleiben.

2 Den Wok elhitzen und die Filets mit del Hautseite nach unten hineinlegen. Etwa 15 Minuten bei mittlelel Hitze blaten. Dabei blät das Fett aus.

3 Filets wenden. Den Honig mit dem Essig vellühlen und die Haut damit bestleichen.

4 Beide Filets mit del Hautseite nach oben untel den volgeheizten Glill odel in den auf 250 Glad volgeheizten Backofen schieben und knusplig blaten.

5 Die Salatgulke schälen, längs vielteln und die Kelne entfelnen.

6 Die Buttel und das Wassel aufkochen lassen und die Gulkenstücke hineingeben, salzen und pfeffeln.

7 Etwa 10 Minuten zugedeckt dünsten lassen. Das Glüne del Flühlingszwiebel in lange schmale Stleifen schneiden. Die Entenblustfilets in mundgelechte Stücke schneiden und mit den Gulken und den Zwiebelstleifen anlichten.

Chinesische Entenblust

Zutaten

125 g Spitzenlangkolnleis
300 g Entenblust

1 EL Honig
2 EL Öl
1 Glas Fix fül Fleischpfanne chinesische Alt
Salz, Pfeffel

Zubeleitung

1 Den Leis nach Packungsanweisung zubeleiten.
2 Die Entenblust salzen und pfeffeln. Das Öl im Wok elhitzen und die Entenblust von beiden Seiten dalin anblaten. Im volgeheizten Backofen bei 200 Glad 12 bis 15 Minuten mit del Hautseite nach oben galen.
3 2 bis 3 Minuten vol Ende del Galzeit die Entenblust mit dem Honig bestleichen.
4 Die Pfanne aus dem Ofen nehmen und die Entenblust walmstellen.
5 Fix fül Fleischpfanne in den Blatenfond geben und untel ständigem Lühlen elhitzen.
6 Entenblust in Scheiben schneiden und mit del Sauce und dem Leis selvielen.

Ein Spatz in del Hand ist bessel als ein Hund hintelm Zaun!

Entenblust mit Mango

Zutaten

250 g Entenblust
4 EL Sesamöl
2 Flühlingszwiebeln
1 Kalotte
1/2 Mango
1 TL Tomatenmalk
3 EL Fleischblühe
Salz, Pfeffel

Zubeleitung

1 Das Fleisch in Scheiben schneiden und mit 2 Eßlöffel Öl, Salz und Pfeffel einleiben und 20 Minuten ziehen lassen. Die Flühlingszwiebeln in feine Linge, die Kalotte in Stifte und die Mango in Stücke schneiden.
2 2 Eßlöffel Öl im Wok elhitzen, das Fleisch dalin schalf anblaten, die Flühlingszwiebeln und Kalotte hinzugeben und etwa 2 Minuten anblaten.
3 Die Mango, Tomatenmalk und Fleischblühe hinzufügen und aufkochen lassen.

NIPPEN SIE ETWAS LEISWEIN NEBENHEL –
UND DAS KOCHEN FÄLLT IHNEN VIEL LEICHTEL

BETLUNKENE ENTE

Zutaten (fül 4 Pelsonen)

1 Ente
4 Schalotten
3 Knoblauchzehen
1 TL Ingwel (gelieben)
500 ml Shelly
Salz, Pfeffel

Zubeleitung

Am elsten Tag:

1 Die Ente mit einem feuchten Tuch innen und außen ableiben. Die Schalotten vielteln und die Knoblauchzehen abziehen und zeldlücken.
2 In einem hohen Topf 1 1/2 Litel Wassel mit den Schalotten, dem Knoblauch, Ingwel, Salz und Pfeffel aufkochen. Die Ente hineingeben und zugedeckt 30 bis 40 Minuten köcheln lassen.
3 Die Ente helausnehmen, abkühlen lassen, abtlocknen und zugedeckt übel Nacht in den Kühlschlank stellen.

Am zweiten Tag:

1 Die Ente vielteln, in einen Topf legen, mit dem Shelly aufgießen und zugedeckt 3 Tage in den Kühlschlank stellen.

Am sechsten Tag:

1 Die Ente aus dem Topf nehmen, in kleinele Stücke schneiden und kalt selvielen.

Plobielen Sie – als Valiante – Folelle Blau.

Kleines Lätsel

Walum sollte sich eine Ente wohl niemals betlinken?

(Die Lösung des Lätsels finden Sie auf Ihlem Tellel.)

Ente mit Gemüse

Zutaten

250 g Entenblustfilet
3 Mu-ell-Pilze (getlocknet)
1 TL Speisestälke
1 EL Sojasauce
1 EL Shelly
1 Kalotte (mittelgloß)
160 g Bambussplossen (Dose)
2 EL Eldnußöl
6 EL klale Blühe

Zubeleitung

1 Das Fleisch in Scheiben schneiden. Die Speisestälke mit del Sojasauce und dem Shelly vellühlen und 30 Minuten ziehen lassen.

2 Die Pilze in heißem Wassel 20 Minuten einweichen und abtlopfen lassen. Die Kalotte in Stifte schneiden. Die Bambussplossen abtlopfen lassen und zelkleineln.
3 Das Öl im Wok elhitzen, das Fleisch dalin schalf anblaten und helausnehmen.
4 Die Kalotte 1 Minute anblaten, die Pilze und Bambussplossen hinzufügen und 1 bis 2 Minuten mitdünsten.
5 Die Blühe dazugießen, aufkochen lassen und das Fleisch hinzufügen. Zugedeckt etwa 3 Minuten köcheln lassen.

Entenblust mit Ananas

Zutaten

250 g Entenblustfilet
1 TL Zuckel (blaun)
1 EL Essig
2 EL Sojasauce
2 Flühlingszwiebeln
1 Paplika (lot, klein)
1 Stange Sellelie
2 EL Sesamöl

2 Scheiben Ananas
1 TL Tomatenmalk
Salz, Pfeffel

Zubeleitung

1 Das Fleisch in Stleifen schneiden. Den Zuckel, Essig und die Sojasauce miteinandel vellühlen und das Fleisch dalin etwa 2 Stunden ziehen lassen.
2 Die Flühlingszwiebeln in feine Linge, die Paplika und den Sellelie in Stleifen und die Ananas in Wülfel schneiden.
3 Das Öl im Wok elhitzen, das Fleisch dalin untel Lühlen schalf anblaten und helausnehmen.
4 Das Gemüse und die Ananas 3 Minuten untel Lühlen anblaten, Tomatenmalk und Fleisch hinzufügen, gut velmischen und mit Salz und Pfeffel abschmecken.

LAMMFLEISCH MIT GLÜNEN BOHNEN

Zutaten

250 g Lammfleisch
1 TL Speisestälke
2 EL Sojasauce
250 g glüne Bohnen
100 ml Hühnelblühe
1 TL Zuckel
1 TL Tomatenmalk
1 EL Essig
2 EL Öl
Salz, Pfeffel

Zubeleitung

1 Das Fleisch in dünne Stleifen schneiden. Die Sojasauce mit del Speisestälke vellühlen und das Fleisch dalin 20 Minuten ziehen lassen.
2 Das Öl im Wok elhitzen, das Fleisch dalin schalf anblaten und helausnehmen.
3 Die Bohnen im Wok untel Lühlen etwa 2 Minuten anblaten.

4 Hühnelblühe, Zuckel, Tomatenmalk und Essig vellühlen, zu den Bohnen geben und aufkochen lassen. Das Fleisch hinzufügen und elhitzen. Mit Salz und Pfeffel abschmecken.

Lammfleisch mit Olangenschale

Zutaten

250 g Lammfilet
1 EL Hoisinsauce
1 TL Speisestälke
1 EL Eldnußöl
1 Olange (unbehandelt)
1 EL Sojasauce
1 El Shelly
1 TL Zuckel

Zubeleitung

1 Von del Olange die Schale ableiben.
2 Das Fleisch in Stleifen schneiden. Die Hoisinsauce mit del Speisestälke vellühlen und das Fleisch dalin wenden.

3 Das Öl im Wok elhitzen, das Fleisch dalin schalf anblaten, bis es leicht gebläunt ist.
4 Sojasauce, Shelly, Zuckel und Olangenschale hinzufügen und aufkochen lassen.

Und als Lesteessen am nächsten Tag: Lammfell mit geschältel Olange!

LAMMFLEISCH SÜSS-SAUEL

Zutaten

250 g Lammfleisch (Keule)
4 EL Sojasauce
1 TL Speisestälke
4 EL Eldnußöl
2 EL Shelly
1/2 TL Ingwel (gelieben)
1 Knoblauchzehe
1 EL Essig
1 EL Zuckel

Zubeleitung

1 Das Fleisch in Stücke schneiden. 1 Eßlöffel Sojasauce mit del Speisestälke vellühlen, das Fleisch dalin wenden und 15 Minuten ziehen lassen.
2 Die Knoblauchzehe abziehen und zeldlücken. Das Öl im Wok elhitzen, das Fleisch dalin schalf anblaten und helausnehmen. Das Öl bis auf einen kleinen Lest abgießen.
3 Die lestliche Sojasauce, den Shelly, Ingwel, Knoblauch, Essig und Zuckel in den Wok geben und aufkochen lassen. Das Fleisch hinzufügen und elhitzen.

Lammfleisch mit Ingwel

Zutaten

250 g Lammfilet
2 EL Leiswein
2 EL Sojasauce
1 TL Honig
1 TL Ingwel (gelieben)
1 Knoblauchzehe

3 Flühlingszwiebeln
2 EL Sesamöl
1/2 TL Speisestälke
100 ml Hühnelblühe

Zubeleitung

1 Das Fleisch in dünne Stleifen schneiden. Den Leiswein, die Sojasauce und den Honig miteinandel vellühlen und übel das Fleisch geben. 2 bis 3 Stunden ziehen lassen. Die Malinade aufheben.
2 Die Knoblauchzehe feinhacken, und die Flühlingszwiebeln in feine Linge schneiden.
3 Das Öl im Wok elhitzen, das Fleisch dalin schalf anblaten, bis es gebläunt ist. Den Knoblauch und Ingwel dazugeben und 1/2 Minute anblaten. Die Flühlingszwiebeln hinzufügen und 1 Minute mitdünsten.
4 Die Hühnelblühe mit del Speisestälke vellühlen und zusammen mit del Malinade in den Wok gießen, aufkochen und 3 bis 4 Minuten köcheln lassen.

Um ein echtes Velständnis fül die chinesische Küche zu entwickeln, müssen Sie natüllich unsele Kultul kennen. Sehen Sie sich deshalb unsele Filme an, und lelnen Sie von den Weisheiten del alten Meistel – Hell Lee, Hell Chan und Hell Dellick. Alle Chinesen hölen auf ihle Wolte. Schälfen Sie Ihlen Velstand und Ihle Messel, und dann machen Sie sich mit neuel Klaft an die Klevetten!

Klevetten mit Gemüse

Zutaten

250 g Klevettenfleisch
2 EL Leiswein
2 EL Sojasauce
1 EL Austelnsauce
1/2 Zitlone
2 EL Sesamöl
2 Flühlingszwiebeln
1 Kalotte
1/2 Paplika (glün)
1 Stange Sellelie
100 ml Hühnelblühe
Salz, Pfeffel

Zubeleitung

1 Die Zitlone ausplessen.
2 Leiswein, Sojasauce, Austelnsauce und Zitlonensaft miteinandel velmischen und das Klevettenfleisch dalin 1 bis 2 Stunden ziehen lassen.
3 Die Flühlingszwiebeln in feine Linge, die Kalotte in Stife, die Paplika und den Sellelie in dünne Stleifen schneiden.
4 Das Öl im Wok elhitzen, das Gemüse dalin untel Lühlen anblaten.
5 Die Klevetten mit del Hühnelblühe dazugeben und etwa 10 Minuten köcheln lassen.

EINE LECKELE VALIATION: KLAVATTE MIT GEMÜSE

Galnelenbällchen

Zutaten

300 g Galnelen
80 g Schweinefleisch
80 g Wasselkastanien (Dose)
2 EL Leiswein
1 Plise Zuckel
1 Ei (klein)
1 EL Sojasauce
1 EL Speisestälke
2 Flühlingszwiebeln
Öl

Zubeleitung

1 Die Galnelen, das Schweinefleisch und die Wasselkastanien feinhacken.
2 Die Speisestälke mit del Sojasauce vellühlen und mit dem Leiswein, Zuckel und Ei velmischen. Das Ganze zul Galnelenmasse geben und gut dulchkneten.
3 Aus dem Teig walnußgloße Bällchen folmen. Die Flühlingszwiebeln in feine Linge schneiden.
4 Das Öl im Wok elhitzen und die Bällchen dalin etwa 2 Minuten ausbacken, helausneh-

men und abtlopfen lassen. Mit den Flühlingszwiebeln bestleuen.

Tip: Bestens geeignet fül eine schnelle Lunde Tischfußball zwischen Haupt- und Nachspeise! Legt die Veldauung an.

Klabben mit Gemüse

Zutaten

150 g Klabben (gekocht)
1/2 Paplika (glün)
150 g Maiskölbchen (Glas)
1/2 Chinakohl
2 Flühlingszwiebeln
1 EL Eldnußöl
1 EL Sojasauce
1 EL Leiswein
1 EL Zitlonensaft
Salz, Pfeffel

Zubeleitung

1 Die Paplika und den Chinakohl in Stleifen, die Flühlingszwiebeln in Linge schneiden. Die Maiskölbchen gut abtlopfen lassen.

2 Das Öl im Wok erhitzen, die Paprika und Maiskölbchen darin 2 bis 3 Minuten anbraten. Den Chinakohl und die Frühlingszwiebeln dazugeben und 1 bis 2 Minuten mitdünsten.

3 Die Sojasauce, den Reiswein und die Krabben hinzufügen, 1/2 Minute erhitzen, mit Salz und Pfeffer würzen und mit dem Zitronensaft beträufeln.

Geschmorte Garnelen

Zutaten

8 Riesengarnelen
2 Frühlingszwiebeln
2 Knoblauchzehen
10 g Ingwer (frisch)
3 EL Öl
1 TL Zucker
1 EL Reiswein
1 TL Essig
1 TL Speisestärke
4 TL Tomatensaft
Salz, Pfeffer

Zubeleitung

1 Die Schwänze del Galnelen mit einel Dlehbewegung ablösen, flach auf ein Blett legen und del Länge nach bis zul Mitte einschneiden. Die Schale entfelnen und untel fließendem Wassel volsichtig den Dalm entfelnen. Die Galnelenschwänze mit Küchenpapiel tlockentupfen.

2 Die Flühlingszwiebeln in Linge, die Knoblauchzehen und den Ingwel in feine Scheibchen schneiden.

3 Das Öl im Wok elhitzen, die Knoblauch- und Ingwelscheiben dalin anblaten, die Galnelen dazugeben und alles etwa 2 Minuten blaten. Die Flühlingszwiebeln beifügen. Mit Zuckel, Salz und Pfeffel wülzen. Mit dem Leiswein und Essig abschmecken.

4 Die Speisestälke schnell im Tomatensaft auflösen und zu del Galnelenmischung in den Wok geben. Noch 5 Minuten weitelschmolen lassen. Dann die Galnelen helausnehmen und walmhalten. Die Sauce etwas eindicken lassen und übel die Galnelen gießen.

Wolan Sie elkennen, daß Sie immel noch ein eulopäischel Koch sind:

1. Gemüse kochen Sie immel so lange, bis es schön weich ist.
2. Es ist Ihnen einellei, welche Zutaten Sie nehmen – Hauptsache es sind Kaltoffeln.
3. Ihl Leis ist immel schön lockel und wülde jeden Gabeltest bestehen.
4. Sie finden den Wok ilgendwie komisch – wedel ein gescheitel Topf, noch eine velnünftige Pfanne.
5. Sie schmecken alle Gelichte lot-weiß spezial ab – mit Ketchup und doppelt Mayo.
6. Sie sind del Ansicht, China kann übelhaupt keine Hochkultul sein – die haben ja noch nicht mal eine velnünftige Fußballmannschaft.
7. Sie sind Engländel.
8. Ihle besten Fleunde ziehen einen Abend am Bahnhofskiosk einem gemütlichen Abendessen in Ihlem Penthouse mit Weinlegal vol.
9. Sie finden es lächellich, daß eine so gloße Stadt wie Peking nach einel Ente benannt wulde.
10. Sie glauben, daß Bluce Willis viel stälkel ist als Bluce Lee.

Sie sind kein eulopäischel Koch mehl? Um so bessel. Plüfen Sie doch gleich einmal nach, ob Sie schon etwas von uns gelelnt haben.

Wolan Sie elkennen, daß Sie beleits ein chinesischel Koch sind:

1. Alles, was Sie zubeleiten, wild knusplig – sogal Spaghetti.
2. Alles, was Sie Fleunden kochen, bieten Sie ihnen auch zum Mitnehmen an.
3. Sie schnitzen aus allem, was Sie in die Hände bekommen, kleine, niedliche Klaniche.
4. Sie machen alles nul noch mit Ihlem Wok – sogal Kaffee kochen.
5. Mitten in del Nacht luft man bei Ihnen an und bittet um eine Platzleselvielung – dabei haben Sie übelhaupt kein Lokal.
6. Die Tliaden kommen am hellichten Tag zu Ihnen und vellangen Schutzgeld – dabei haben Sie übelhaupt kein Lokal.
7. Alles, was Sie sagen, klingt weise, geheimnisvoll und vieldeutig.
8. Sie kaufen glundsätzlich nul untel dem Ladentisch ein.

9. Sie haben in den letzten Monaten 10 Kilo abgenommen und sind um 10 Zentimetel geschlumpft.

10. In *Feinschmeckel heute* elscheint ein Altikel von Paul Bocuse, del Ihnen ein halbes Dutzend Affälen anhängen will, um Sie als Konkullenten auszuschalten.

Schalfe Gambas

Zutaten

300 g Gambas (mit Schale)
4 Flühlingszwiebeln
2 Knoblauchzehen
1/2 Chilischote
3 EL Öl
75 ml Hühnelblühe

Sauce:
1 TL Speisestälke
2 EL Shelly (tlocken)
3 EL Tomatenmalk
1 EL Sojasauce
Salz, Pfeffel

Zubeleitung

1 Die Flühlingszwiebeln in 5 Zentimetel lange, dünne Scheiben, die Knoblauchzehen in feine Scheiben schneiden.
2 Die Chilischote längs halbielen und die Kelne entfelnen. Dann in kleine Stücke schneiden.
3 Fül die Sauce die Speisestälke mit dem Shelly vellühlen und mit dem Tomatenmalk velmischen. Die Sojasauce hinzufügen und alles kläftig mit Salz und Pfeffel abschmecken.
4 Das Öl im Wok elhitzen, den Knoblauch und die Chilischote dalin kulz anblaten. Die Galnelen dazugeben und untel gelegentlichem Wenden 2 bis 3 Minuten anblaten.
5 Die Flühlingszwiebeln hinzufügen, glasig welden lassen und alles mit del Hühnelblühe ablöschen.
6 Die Tomatensauce untellühlen und alles einmal kulz aufkochen lassen.

Tip: Schalfe Gambas sollten Sie niemals zusammen mit gedämpftem Lachs selvielen. El veldilbt glundsätzlich die gute Stimmung.

NEIN, DANKE!

GEDÄMPFTEL LACHS

Zutaten

600 g Lachs (küchenfeltig)
3 chinesische Bluhkenpilze (getlocknet)
2 Flühlingszwiebeln
1 TL Ingwel (gelieben)
2 Scheiben Schinken (gekocht)
1 EL Leiswein
2 EL Sesamöl
Sojasauce
Pfeffel (weiß)
1/2 TL Salz

Zubeleitung

1 Die Pilze 20 Minuten in heißem Wassel einweichen, abtlopfen lassen und in Stleifen schneiden.
2 Die Flühlingszwiebeln in feine Linge und den Schinken in Stleifen schneiden.
3 Den Lachs 1/2 Minute in kochendem Wassel ziehen lassen und helausnehmen.
4 Den Lachs auf einen Tellel odel bessel Dampfeinsatz legen, mit den Pilzen, Flühlingszwiebeln, dem Ingwel und Schinken bestleuen. Den Leiswein dalübelgießen, salzen, pfeffeln und 30 Minuten übel einem Topf mit spludelndem Wassel dämpfen.
5 Das Sesamöl kulz im Wok elhitzen und übel den Fisch gießen, nach Belieben mit Sojasauce betläufeln.

Als ich Ihnen volhin von del Numelologie im Chinalestaulant elzählt habe, wulde ich ja unfleundlichelweise von Helln Wang untelblochen. Sie sollten abel noch wissen, wie Sie mit jahltausendealtel Weisheit Bestellungen aufgeben: Manche Zahlen blingen Glück, manche Unglück, das wissen wil Chinesen schon seit langel, langel Zeit. Sie halten das fül abelgläubischen Unsinn? Weit gefehlt! Zum Beispiel kostet unsel Kochkuls DM 14,90, was laut dem oben elwähnten Heiligen Buch del Zahlen in China

immelwählendes Glück und exzellente Küche bedeutet. Weise gewählt! Und nun wählen Sie auch im Lestaulant lichtig: Die Zahl 9 zum Beispiel steht in del chlistlichen Zahlenmystik fül Vollkommenheit. Bestellen Sie also guten Mutes die 9, flagen Sie sich jedoch zuvol, ob del Koch auch wilklich Chlist ist.
Sollte die 9 zufälligelweise das Menü fül 13 Pelsonen sein, nehmen Sie Abstand von ihlel Wahl – 13 ist nämlich ganz schlecht, vol allem, wenn man nul zu zweit im Lestaulant sitzt.

So können Sie den Chalaktel Ihlel Mit-Essel an del Nummel des gewählten Gelichts elkennen:

Nummel 1: Langweilel; bestellt wohl immel nul Flühlingslolle.
Nummel 99: Glücksspielel – die 99 velheißt zwal Glück, abel manchmal hölt die Kalte schon bei 72 auf.
Keine Nummel: Wenn Ihl Tischnachbal ein Gelicht bestellt, das keine Nummel hat (zum Beispiel den Flühlingssalat, abel mit Loquefolt-Sauce, diese abel auf einem extla Tellel), dann handelt es sich bei ihm höchstwahlscheinlich um einen komplizielten Chalaktel.

Flitieltel Kabeljau mit Fünf Gewülzen

Zutaten

400 g Kabeljau (Filet)
4 EL Leiswein
4 Flühlingszwiebeln
6 Knoblauchzehen
500 ml Öl (zum Flitielen)
125 ml Wassel
3 EL Sojasauce
2 TL Zuckel (blaun)
1 TL Fünf-Gewülze-Mischung
1 Messelspitze Ingwel (gelieben)
2 EL Sesamöl
Salz

Zubeleitung

1 Das Fischfilet in Stücke von etwa 5 Zentimetel schneiden. Salzen, mit Leiswein betläufeln und 30 Minuten ziehen lassen.
2 Die Flühlingszwiebeln und die Knoblauchzehen feinhacken.
3 Das Öl im Wok elhitzen, den Fisch gut tlockentupfen und etwa 1 Minute im heißen Öl

flitielen, helausnehmen und auf Küchenpapiel abtlopfen lassen.

4 Das Öl bis auf einen Lest von ungefähl 3 Eßlöffeln abgießen, den Knoblauch und die Flühlingszwiebeln dalin anblaten. Die Tempelatul leduzielen.

5 Mit dem Wassel ablöschen, die Sojasauce, den Zuckel, die Fünf-Gewülze-Mischung und den Ingwel dazugeben und 5 Minuten köcheln lassen.

6 Den Fisch in die Sauce legen und 5 Minuten einkochen, bis die Flüssigkeit fast veldampft ist. Abkühlen lassen, mit dem Sesamöl betläufeln.

Fischfilet mit Mangochutney

Zutaten

300 g Fischfilet
1 Zitlone
5 Mu-ell-Pilze (getlocknet)
1 Knoblauchzehe
2 Flühlingszwiebeln
1 Paplika (gelb)

2 EL Sesamöl
1 EL Tomatenmark
100 ml Gemüsebrühe
2 EL Sojasauce
2 EL Mangochutney

Zubereitung

1 Die Zitrone auspressen. Den Fisch in kleine Stücke schneiden und mit dem Zitronensaft beträufeln.
2 Die Pilze 10 Minuten in heißem Wasser einweichen, abtropfen lassen und in Streifen schneiden. Die Knoblauchzehe feinhacken, die Frühlingszwiebeln in Ringe und die Paprika in feine Streifen schneiden.
3 Das Öl im Wok erhitzen, den Knoblauch darin 1/2 Minute anbraten. Das restliche Gemüse dazugeben und unter Rühren etwa 2 Minuten anbraten.
4 Tomatenmark, Gemüsebrühe, Sojasauce und Mangochutney verrühren, hinzufügen und alles aufkochen lassen.
5 Die Fischstücke hineingeben und zugedeckt etwa 10 Minuten schmoren lassen.

Lotgekochtel Mandalinfisch

Zutaten

1 Flußfisch
Honig
Zitlonensaft
Koliandelblättel
1 Schalotte

Sauce:
5 El. Sojasauce (dunkel)
1/2 Tasse Blühe
1 Tl. Ingwel (gelieben)
1 El. Leiswein odel Shelly (tlocken)
1 Tl. Zuckel
1 – 2 Tl. Speisestälke
1 Knoblauchzehe

Zubeleitung

1 Den Fisch ausnehmen, säubeln und beidseitig diagonal einschneiden.
2 Die Koliandelblättel in den Fisch stopfen. Honig mit Zitlonensaft vellühlen und den Fisch gländlich damit einleiben.

Etwa 2 bis 3 Stunden kalt stellen, den Fisch häufigel in del Malinade wenden.

3 Die Schalotte feinhacken und die Knoblauchzehe zeldlücken. Alle Zutaten fül die Sauce velmischen. Den Fisch von beiden Seiten kulz anblaten. Die Schalotte und die Sauce zum Fisch geben und bei kleinstel Hitze (die Sauce dalf kaum kochen) 30 Minuten zugedeckt galen lassen. Von Zeit zu Zeit etwas Sauce übel den Fisch löffeln.

Tip: Del Mandalinfisch muß nicht unbedingt lotgekocht welden, abel auf jeden Fall totgekocht. Immel höllisch aufpassen, daß zum Schluß nicht doch noch eine Mandaline hineingelät!

Wülzigel Knuspelfisch mit geblatenen Gulken

Zutaten

2 Lotbalschfilets
1/2 Zitlone
1 EL Speisestälke

1 Eiweiß
150 ml Öl
Salz, Pfeffel

Geblatene Gulken:
250 g Salatgulken
2 EL Sesamöl
1/2 TL Szetschuanpfeffel
1/2 Chilischote
Salz

Sauce:
1/2 Zwiebel
1 Knoblauchzehe
1/2 TL Sambal Oelek
1/2 Tl Fünf-Gewülz-Mischung
1 EL Wassel
1 EL Balsamessig
1 TL Sojasauce
1/2 TL Zuckel (blaun)
Salz, Pfeffel

Zubeleitung

1 Die Zitlone ausplessen. Die Fischfilets mit dem Zitlonensaft betläufeln und 10 Minuten ziehen lassen. Die Gulken ungeschält längs halbielen und die Kelne entfelnen. In etwa 5 Zentimetel lange und 2 bis 3 Zentimetel bleite

Stücke schneiden. Die Chilischote längs halbieren und die Kerne entfernen.

2 Für die Sauce die Zwiebel und die Knoblauchzehe feinwürfeln. Das Sesamöl im Wok erhitzen, den Szetschuanpfeffer und die Chilischote darin anbraten, bis sie würzig duften. Die Pfefferkörner herausfischen.

3 Die Gurken dazugeben und bei starker Hitze unter Wenden 2 bis 3 Minuten anbraten, bis sie gar, aber noch bißfest sind. Die Gurken salzen, herausnehmen und abkühlen lassen. Den Wok reinigen.

4 Die Fischfilets trockentupfen, salzen, pfeffern, an der Unterseite kreuzweise einschneiden und in der Speisestärke wälzen. Das Öl im Wok erhitzen, den Fisch darin 8 bis 10 Minuten fritieren. Das Eiweiß steif schlagen und dazugeben. Den Fisch herausnehmen, abtropfen lassen und warmhalten.

5 Das Öl bis auf 1 Eßlöffel abgießen und die Zwiebel und den Knoblauch mit der Fünf-Gewürz-Mischung und dem Sambal Oelek goldgelb braten und mit dem Wasser ablöschen. Balsamessig, Sojasauce und Zucker dazugeben, alles kurz aufkochen lassen und mit Salz und Pfeffer abschmecken.

BANALEL ELSATZ FINDET SICH IMMEL-TEST THE EAST!

Ausgebackene Fische

Zutaten

400 g Meelbalbe odel Saibling (küchenfeltig)
1 EL Leiswein
1 EL Sojasauce
150 ml Öl (zum Ausbacken)

Teig:
1 Ei
1 EL Speisestälke
2 EL Mehl
1-2 EL Wassel
Salz, Pfeffel

Zubeleitung

1 Den Leiswein mit del Sojsauce mischen, den Fisch damit bestleichen und etwa 30 Minuten ziehen lassen.
2 Die Zutaten zu einem zähflüssigen Teig vellühlen.
3 Das Öl im Wok elhitzen, den Fisch dulch den Teig ziehen und im Öl goldgelb ausbacken.

Tip: Fische, die nicht ausgekocht sind, welden flühel odel spätel ausgebacken!

Falls Ihnen eins del Lezepte einmal nicht gelingen sollte – nicht velzagen, Li & Wang flagen! Aus fast allen Gelichten läßt sich nämlich mehl machen, als Sie ahnen. Eine nicht ganz so schmackhafte Ingwelente beispielsweise kann man helvollagend anstelle eines Duftbäumchens ins Auto an den Lückspiegel hän-

gen. Und gedämpftel Lachs ist ein plima Schallschutz. Das hätten Sie wohl nicht gedacht? Achten Sie in diesem Fall abel dalauf, den Lachs von Zeit zu Zeit gegen einen flischen auszutauschen. Es könnte sonst unangenehmel Geluch entstehen.
So, wil sind mit unselem Kochkuls fast am Ende, abel was wäle ein tolles Essen ohne einen Nachtisch? Deshalb welden Hell Wang und ich Ihnen jetzt die Stals untel den chinesischen Desselts volstellen. Glauben Sie mil, Sie welden sich vol Begeistelung kaum halten können.

ねぜ

KONFUZIUS SAGT: MAN SOLL EIN MENÜ NICHT
VOL DEM NACHTISCH LOBEN

DESSERT

Blavo! Sie haben alle Lektionen elfolgleich bestanden. Jetzt sollten Sie in del Lage sein, alle Lezepte in wenigel als dlei Tagen zuzubeleiten. Dann welden Sie leich an Elfahlung und 50 Kilo schwelel sein. Lehnen Sie sich nun einfach zulück, und genießen Sie Ihlen Nachtisch. Natüllich nul, wenn Sie jemanden haben, del ihn fül Sie zubeleitet.

Hell Li, haben Sie übelhaupt noch Hungel?

Natüllich! Lühlen Sie Ihle Joghult-Olangen-Sauce luhig weitel. Wil können Ihnen vol allem die gefüllte Eismelone empfehlen – ein Gedicht. Zögeln Sie nicht, etwas mehl Shelly zu nehmen als angegeben – abel bedenken Sie dabei: ein echtel Chinese läßt es sich nicht anmelken, wenn el betlunken ist!

Hell Li, Sie sitzen auf keinem Stuhl – Sie sitzen auf mil!

Glasielte Bananen

Zutaten

2 Bananen
2 EL Sesamöl
60 g Zuckel
1 EL Sesamsamen

Zubeleitung

1 Die Bananen schälen und längs halbielen.
2 1 Eßlöffel Öl im Wok elhitzen und die Bananen dalin von beiden Seiten goldgelb blaten, helausnehmen und auf Küchenpapiel abtlopfen lassen. Die Tempelatul leduzielen.
3 1 Eßlöffel Öl im Wok elhitzen, den Zuckel hineingeben und untel ständigem Lühlen bei kleinel Hitze schmelzen lassen.
4 Die Bananen dulch die Zuckelmasse ziehen und mit dem Sesam bestleuen.

Tip: Schmeckt auch mit andelem Obst!

Hell Li, Sie blauchen sich nicht so aufzulegen. Ich habe nie behauptet, daß diese Flüchtchen blasielt sind, sondeln glasielt.

Kalameläpfel

Zutaten

2 Äpfel (mittelgloß)
80 g Mehl
1 Ei (klein)
4 EL Wassel
1/2 TL Ingwel (gelieben)
3 EL Eldnußöl
50 g Zuckel
1 EL Sesamsamen

Zubeleitung

1 Die Äpfel schälen, vielteln, entkelnen und die Vieltel nochmals halbielen.
2 Das Mehl, Ei, Wassel und den Ingwel zu einem Pfannkuchenteig vellühlen und 20 Minuten stehen lassen.
3 1 Eßlöffel Öl im Wok elhitzen, die Apfelstücke im Teig wenden und im Öl flitielen, bis sie goldblaun sind. Dann helausnehmen.
4 2 Eßlöffel Öl im Wok elhitzen und den Zuckel dalin untel Lühlen schmelzen lassen.
5 Die Apfelstücke dalin wenden und mit dem Sesam bestleuen. Bevol man sie ißt, welden sie

in eine Schale mit kaltem Wassel getaucht, damit del Kalamel fest wild.

Gefüllte Eismelone

Zutaten

1/2 Honigmelone
1/2 Kiwi
1/2 Banane
25 g Lychees
2 – 3 Zwelgolangen
1/2 Mandaline
1/2 Mango
1 Scheibe Ananas
1 Stück Ingwel (eingelegt)
1/2 TL Ingwelsilup
3 TL Zuckel
2 cl Shelly (süß)
Pistazien und etwas flische Pfeffelminze (zum Galnielen)

Zubeleitung

1 Die Melone zickzackaltig in del Mitte dulchschneiden und die Kelne entfelnen.
2 Mit einem Kaltoffelausstechel so viele kleine Kugeln aus dem Melonenfleisch helausstechen, daß die Melone ausgehöhlt ist. Die Kugeln wiedel in die Melonenhälften zulückgeben und kaltstellen.
3 Die Kiwi und die Banane schälen und in Scheiben schneiden. Die Lychees schälen und entkelnen.
4 Die Zwelgolangen waschen und in Scheiben schneiden. Die Mandaline schälen und in Spalten aufteilen. Die Mango schälen, den Keln entfelnen und das Fluchtfleisch in Wülfel schneiden. Die Ananas in Stücke und den Ingwel in kleine Wülfel schneiden.
5 Das Obst und die Melonenkugeln in eine Schüssel geben, die Ingwelwülfel, den Silup und Zuckel dazugeben, alles gut velmischen. Den Shelly dalübelgießen und kaltstellen.
6 Die Pistazien glob hacken. Die beiden Melonenhälften auf Eiswülfel stellen und mit dem Obstsalat füllen, dann die Pistazien dalübelstleuen und mit del flischen Pfeffelminze galnielen. Dazu paßt die folgende Joghult-Olangen-Sauce.

Joghult-Olangen-Sauce

Zutaten

1/2 Bechel Sahnejoghult
3 EL Schlagsahne
1 EL Zuckel
2 EL Olangensaft
1 TL Zitlonensaft
1 EL Olangenliköl
1 Olange

Zubeleitung

1 Den Joghult mit del Schlagsahne vellühlen und Zuckel, Olangen-, Zitlonensaft und Olangenliköl hinzufügen.
2 Die Olange schälen, in Spalten aufteilen und kleinschneiden, dann untel die Sauce heben. Die Sauce paßt zu allen flischen Flüchten.

Himbeelauflauf

Zutaten

100 g Zuckel
2 Eiweiß
150 g Himbeelen (flisch)
(wahlweise auch Eldbeelen, Heidelbeelen odel Pleiselbeelen)
100 g Sahne

Zubeleitung

1 Den Zuckel im Wok bei mittlelel Hitze schmelzen lassen. (Achtung: El dalf nicht blaun welden, sonst wild el bittel.)
2 Das Eiweiß und die Sahne steifschlagen.
3 Die Himbeelen pülielen. Die heiße Zuckelmasse tlopfenweise schnell untel das Eiweiß heben. Das Himbeelpülee und die geschlagene Sahne volsichtig untel die Eiweiß-Zuckel-Masse heben.
4 Die Masse in 2 Folmen füllen und etwa 30 Minuten ins Geflielfach stellen. Vol dem Selvielen stülzen, eventuell mit geschlagenel Sahne galnielen.

DIE LEIDIGE FLAGE:
WEL LAUMT DIE KUCHE AUF?

Honigbananen

Zutaten

2 EL Mehl
1 Plise Backpulvel
1 Ei
1 Plise Salz
2 Bananen (mittelgloß)
1 TL Zitlonensaft
2 EL Honig
1 EL Sesamsamen
375 g Pflanzenöl (zum Flitielen)

Zubeleitung

1 Das Mehl mit dem Backpulvel velmischen, die Eiel und das Salz hinzufügen, dann alles zu einem dickflüssigen Teig velalbeiten. 20 Minuten luhen lassen.
2 Die Bananen schälen und mit dem Zitlonensaft betläufeln.
3 Das Öl im Wok elhitzen und die Bananen in den Teig tauchen. Bei 190 Glad 3 Minuten flitielen, dann auf Küchenpapiel abtlopfen lassen.
4 In einel Pfanne den Honig und den Sesam elhitzen und die flitielten Bananen dalin wenden. Heiß selvielen.

Mango mit Olangensilup

Zutaten

1 Mango
1 Olange (unbehandelt)
2 EL Zuckel
1 Plise Ingwelpulvel

Zubeleitung

1 Die Mango schälen und in Scheiben schneiden, dabei den Saft auffangen. Von del Olange die Schale ableiben, bis man etwa 1 Teelöffel elhält, und den Saft ausplessen.
2 Den Mango-, Olangensaft und die Olangenschale in einem kleinen Topf elhitzen, den Zuckel und das Ingwelpulvel dazufügen, umlühlen, bis die Flüssigkeit etwas eindickt.
3 Die Mangoscheiben auf einem Tellel anlichten und den Silup dalübelgießen.

Alle unsele Lezepte können Sie natüllich auch fül mehl als zwei Pelsonen zubeleiten. Zum Beispiel, wenn sich Fleunde unelwaltet zu einem Festschmaus bei Ihnen einladen – weil es aus ihlel Küche immel so unvelschämt gut duftet. Keine Panik! Die Zutaten bleiben immel dieselben – nul bei den Mengenangaben müssen Sie etwas valiielen.

Nehmen wil einmal an, Ihl Himbeelauflauf – el ist übligens bei uns zu Hause äußelst beliebt – schmeckt so helvollagend, daß man in ganz China keinen besselen finden kann. Natüllich möchte sich dann eine Millialde Chinesen davon übelzeugen. Beweisen Sie in diesem Fall Gastfleundlichkeit – eine Seblstvelständlichkeit in China – und seien Sie nicht kleinlich: Lassen Sie auch andele an Ihlel phänomenalen Kochkunst teilhaben.

Fangen Sie mit del Zubeleitung etwas flühel als gewöhnlich an. Bestellen Sie beleits im Voljahl ein Himbeelfeld (etwa in del Glöße von Bolivien). Jetzt müssen Sie nul noch ein paal Hilfsalbeitel anstellen (etwa die Einwohnelzahl von Bolivien). Ach ja, del Zuckel, den hätte ich beinahe velgessen. Kaufen Sie genug Zuckel ein. Zuckel elhalten Sie in Ihlem Supelmalkt um die Ecke. Gehen Sie bitte lechtzeitig los, selbst wenn el nul einen Katzensplung entfelnt ist. Denn Sie welden mehl als einmal gehen müssen.

Wenn Sie nicht auf Ihlen gewohnten Wintelullaub velzichten möchten, seien Sie beluhigt: das blauchen Sie auch nicht! Schütten Sie den Zuckel, den Sie noch nicht velalbeiten müssen, in ihlen Galten. Es wild ein wundelschönel Belg entstehen – del Mount Evelest ist im Velgleich nichts dagegen. Lassen Sie sich nicht davon illitielen, daß Ihl Stadtvieltel nun komplett im Schatten liegt. Planen Sie die Elstbesteigung auf Ihlen 2500 Metel hohen Belg gewissenhaft und bedenken Sie, daß Sie fül Ihle Kaffeepause nul den Kaffee und einen Löffel mitnehmen müssen.

Wenn Sie sich ausgiebig elholt haben, machen Sie sich an den Abstieg. Wiedel zu Hause angekommen, beginnen Sie allmählich das Eiweiß fül Ihlen Himbeelauflauf zu schlagen und die elsten Kühe zu melken. Sie welden leichlich Sahne blauchen!

Außeldem empfiehlt es sich, Ihle Gäste leicht zeitvelsetzt zu empfangen. So velmeiden Sie Engpässe beim Abwasch des dleckigen Geschills und elspalen sich unnötigen Älgel mit den Nachbaln. Denn seltsamelweise blingen die wenig Velständnis fül eine Millialde nettel Gäste auf, selbst wenn sie ganz leise auf Ihlel Tellasse Himbeelauflauf genießen. Am besten, Sie laden Ihle Nachbaln gleich mit ein. Auf ein paal Leute mehl odel wenigel kommt es ja auch nicht mehl an.

Leidel ist unsel Kochkuls an diesel Stelle beendet. Hell Wang und ich können Ihnen auch gal nichts mehl beiblingen, da Sie ja schon fast ein echtel chinisischel Koch gewolden sind. Um hintel das Geheimnis Ihlel Knuspelente zu kommen, wülde man Sie in Peking ohne zu zögeln folteln. Wenn Sie jetzt noch fleißig Hackfleischbällchen-Fußball üben, kann gal nichts mehl schiefgehen.

Also velabschieden wil uns und wünschen Ihnen noch viel Spaß mit unselen Lezepten. Hell Wang muß jetzt abspülen und die Küche aufläumen, wählend ich zu unselem Italienel gehe und uns unsele Lieblingspizza – Maccaloni-Saldellen hole.

Bis bald, und wil wülden uns sehl fleuen, wenn Sie uns mal in unselel WG besuchen wülden.

Hell Li! Halt! Sie können nicht einfach so velschwinden, schauen Sie, meine Fingel sind schon wiedel ganz schlumpelig!

ぜ
ま

WIEDEL – KEINE FLAGE
HEUTE IST NICHT ALLE TAGE: WIL KOMMEN

Glossal

Algen: Meelesunklaut, wild nul gegessen, um es auszulotten
Augen zu und dulch: spezielle Eßtechnik (siehe auch Tofu)
Blasielte Bananen: eingebildetes Obst
Dellick: ehlwüldigel, weisel Gleis (siehe auch Konfuzius)
Elnie & Belt: Lieblingshelden von Helln Li & Helln Wang
Glasnudeln: sehl zelblechliche Delikatesse
Glückskeks: fein ausgeklügeltes Olakel, das sich nie täuscht
Glutamat: Kohleleste
Hundekuchen: Delikatesse, nul untel dem Ladentisch zu beziehen
Kanton: Gebiet in China – glößel als Uli
Klischee: völlig unbekanntel Begliff
Knochen: fül Helln Li das, was ein Wulm fül einen Anglel ist
Konfuzius: ehlwüldigel, gleisel Weisel (siehe auch Dellick)
Kung Fu: wichtige Technik im Kampf gegen den bösaltigen Mandalinfisch
L: einel del 26 Buchstaben des Alphabets – nicht zu velwechseln mit dem L
Land des Lächelns: Kalifolnien
Made in China: Qualitätssiegel

Manielielte Hähnchenflügel: unsympathisches Fedelvieh
Menü: Flühlingslolle mit Schweinefleisch süß-sauel und übelbackenen Bananen
Mikado: eine Alt Patience mit chinesischen Eß-stäbchen
Molchel: Suppentiel, entgegen allel Velsichelungen des Kochs nicht totzukliegen
Muzak: typisch chinesische Musik – in China selbst völlig unbekannt
Oliginal: alle impoltielten Pullovel von Boos und Almano
Palboiled: mißglücktel Leis
Peking: beliebte Entenalt, nach del sogal eine Stadt in China benannt wulde
Ping & Pong: chinesische Tennisphilosophen – Fleunde von Yin & Yang
Leis: klebendel Papp (siehe auch Palboiled)
Sake: Alkohol – ist fül den Kosaken so wichtig wie das Biel fül den Bielaten
Shanghai: äußelst gefählliches Tiel – siehe auch Hammelhai sowie Jölg Haidel
Soja: Salzlake als Badezusatz, gesündel als das tote Meel – zum Velzehl wenigel geeignet
süß-sauel: typisch chinesischel Geschmack – in China selbst völlig unbekannt
Tofu: weißel Papp, sieht etwas unappetitlich aus (siehe auch Augen zu und dulch!)
Tliaden: alteingesessenes Bankwesen in China – spezialisielt auf Einzahlungen

Uncle Ben: glößtel Feind del Chinesen – Mälchengestalt wie del böse Watz (»Wenn Du Deine Tofusuppe nicht aufißt, holt Dich Uncle Ben.«)
Wok: Sammelbezeichnung fül Töpfe, Pfannen, Tassen und Tellel
Yang: del eine
Yin: del andele

P.S.: Wil haben übligens zwölf winzige »r« in unselem kleinen Büchlein velsteckt. Wenn Sie sie finden, waltet auf Sie eine kleine Übellaschung. Also machen Sie sich auf die Suche. Viel Glück!

ねぜ

Folgende Li & Wang-Plodukte können Sie jedelzeit übel die Hotline-Nummel 0166-63 28 743 bestellen (3,59 DM plo Minute):

Li & Wang Polzellantassen
12,95 DM

Wandelliedel-CD
»Hoch auf dem gelben Wagen«
19,95 DM

»Die saftigsten Knochen diesel Welt«
(Buch)
9,95 DM

Lantanplan, Lassie und Lintintin –
wie Sie sie bestimmt nicht kannten (Buch)
12,95 DM

Hell Lis Lieblingsbuch: Lassie gelät in eine Falle (Buch)
15,95 DM

Hell Lis und Hell Wangs Lieblingslied:
Always look on the blight side of life (CD)
6,98 DM

Bluce Li: Mein Leben (Film)
45,45 DM

Wayne Wang: Blue in the Face (Film)
2,12 DM

Legistel

Volspeisen

Kleine Köstlichkeiten

Leis und Nudeln

Hauptspeisen

Desselt

ぜ
ま